Guy Serge José MAKOUEZI

Le Ministère de la Parole

Guy Serge José MAKOUEZI

Le Ministère de la Parole

Une profession mal interprétée

Éditions Croix du Salut

Imprint

Any brand names and product names mentioned in this book are subject to trademark, brand or patent protection and are trademarks or registered trademarks of their respective holders. The use of brand names, product names, common names, trade names, product descriptions etc. even without a particular marking in this work is in no way to be construed to mean that such names may be regarded as unrestricted in respect of trademark and brand protection legislation and could thus be used by anyone.

Cover image: www.ingimage.com

Publisher:
Éditions Croix du Salut
is a trademark of
Dodo Books Indian Ocean Ltd. and OmniScriptum S.R.L publishing group

120 High Road, East Finchley, London, N2 9ED, United Kingdom
Str. Armeneasca 28/1, office 1, Chisinau MD-2012, Republic of Moldova, Europe
Managing Directors: Ieva Konstantinova, Victoria Ursu
info@omniscriptum.com

Printed at: see last page
ISBN: 978-3-8416-1980-8

LE MINISTERE DE LA PAROLE

Une profession mal interprétée

(Actes 6v4)

Le prophète

MAKOUEZI Guy Serge José

INTRODUCTION

Le ministère de la parole ; c'est la profession sacrée, qui consiste à travailler pour Dieu, selon les propres principes de Dieu lui-même. Cette profession est de nos jours exercée par plusieurs personnes. Et, cela engendre, pas mal des indignations, lesquelles provoquent le découragement de plusieurs.

Ce découragement part jusqu'au niveau de sortir, ou de prendre naissance dans les cœurs des croyants, ainsi que des incroyants, des sentiments de dédain pour tout ce qui est relative aux serviteurs qu'exerce ces ministères, soit disant, pour instruire de la part de Dieu, les gens qui viennent aux Eglises, pour des besoins liés au salut de différentes sortes.

Dirons-nous que, Dieu n'a-t-il pas envoyé tous ceux qui prononcent son nom, à le servir, ou, tous sont envoyés par lui ?
Le travail sacré qui est une fonction rémunérée, n'a pas pour son premier rôle ; celui de gagner une revenue de quelques formes que ce soient ; mais, il s'agit de d'abord sauver les âmes qui sont dans la perdition.
Or, une âme se trouve dans la perdition, lorsque, la personne en qui se trouve l'âme, ne connaît pas Dieu. C'est-à-dire qu'elle est étrangère dans les choses de Dieu.
Dans le ministère de la parole, nombreux de gens se disent envoyer de Dieu, mais parfois, ce n'est pas Dieu. Parfois, ils se disent être envoyé de Dieu ; or qu'au fond, c'est de leur propre gré, qu'ils sont entrés dans cette profession.

Ainsi donc, d'une manière ou d'une autre ; on est appelé à comprendre comment s'exerce cette profession, qui est ce qui doit l'exercer. Voilà la raison d'existence de cet ouvrage.
La Bible parle quelques parts, de la fin du monde, avec tout ce qui accompagne ces temps. Et donc, pour sauver son âme ; les humains ont l'obligation de se retrouver face aux vrais serviteurs ; lesquels sont envoyés de Dieu, pour le servir.

Car, lorsque Dieu n'envoie pas une personne pour le servir ; celle-ci donc, parfois sans le savoir, sert au profit du diable. Car, sachant que, ce n'est pas Dieu qui l'envoie ; le diable trouve en elle, un instrument convenable pour l'égarement des fils et des filles du royaume de Dieu. Le Ministère, étant le ministère de la parole ; il doit donc avoir la connaissance de la parole, laquelle, elle doit enseigner ou exhorter aux venants.

Et, comment une personne arrive-t-elle au ministère, et à son exercice ?
Cette question est très importante ! Aussi, il y a de ceux qui rejettent l'option de la formation, dans la profession de servir Dieu, et d'autres par contre l'admettent. Or, alors que le Seigneur Jésus-Christ, lui-même, le propriétaire de cette œuvre était dans ce monde, sur le plan physique, il avait bien pris soin de former ses disciples. Et, les instruisit, à leur tour, de faire la même chose, pour ceux qui succéderaient à eux.

Ainsi, il y a tant des raisons qui font que, cet ouvrage ait sa raison d'être !

QU'EST-CE QUE LE MINISTERE DE LA PAROLE ?

L'appellation Ministère de la parole n'est pas le nom employé de tous les temps de la descendance de l'humanité. Mais, puisque, c'est là, l'appellation qui est employé dans le temps messianique. Voilà pourquoi, elle sera maintenue ainsi, dans notre exposée.

Le ministère de la parole est une expression qui se compose de deux mots suivent :

Ministère qui est la fonction ou la charge du ministre. C'est aussi, le temps pendant lequel, le ministre s'exerce. Ainsi donc, le Ministère ; c'est le service, ou une charge ou encore une administration exercer par celui-ci, pour un but déterminé.

Et,

Parole : C'est la faculté ou action ou encore moyen d'exprimer sa pensée par le langage articulé ; c'est un mot prononcé ou l'ensemble des mots exprimant une pensée, un sentiment, etc.

N.B : Le Ministère de la parole est exercé par un ministre de la parole.

Alors, qu'est-ce qu'un ministre ?

Le ministre ; c'est une personne (homme ou femme) qui est chargée de l'exécution d'une chose ; c'est un serviteur.

On peut alors dire ; que le Ministère de la Parole est une fonction ou une charge, assignée à une personne donnée, afin d'exprimer par le langage, la pensée ou les sentiments, de Dieu. Et, celui ou celle qui exerce cette fonction ; c'est le Ministre de Dieu ou Serviteur ou Servante de Dieu.

Enfin, le Ministère de la Parole ; c'est un service : « **Service sacré** » ou le Service de Dieu. Ainsi, tous ceux qui font ce service sont appelés Ministres de Dieu : Hommes ou Femmes.

LE COMMENCEMENT DU MINISTERE DE LA PAROLE SUR LA TERRE

La fonction de service de la parole de Dieu n'est pas d'aujourd'hui. Elle remonte depuis la fondation de ce monde actuel ; si l'on veut considérer ce monde physique. Car, le prédicateur, ou le premier Ministre de Dieu ou Ministre de la Parole ; c'est Adam, l'ancêtre de l'humanité, avec Eve, sa femme. Voilà les deux qui ont commencé à servir l'Eternel Dieu. En effet, Adam a bien exercé son ministère. Car, en regardant à ses fils et ses filles ; on pourrait tirer quelque chose liée à la justice provenant de la parole de justice que prêchait leur père Adam.

Caïn et Abel, leurs premiers enfants avaient un certain savoir sur l'offrande ou l'adoration pour l'Eternel, bien que chacun le faisait à sa manière.

Voir **Genèse 4v3-4** : *'' Au bout de quelque temps, <u>Caïn fit à l'Éternel une offrande des fruits de la terre ; et Abel, de son côté, en fit une des premiers-nés de son troupeau et de leur graisse</u>. L'Éternel porta un regard favorable sur Abel et sur son offrande. ''*

La justice dont Adam fut prédicateur peut encore être vue par le témoignage d'Abel. Car, celui-ci est appelé : « **Le juste** ! »

Voir **Matthieu 23v35** : '' *afin que retombe sur vous tout le sang innocent répandu sur la terre, depuis le sang d'<u>Abel le juste</u> jusqu'au sang de Zacharie, fils de Barachie, que vous avez tué entre le temple et l'autel.* ''

Et, son sang est comparé à celui du Seigneur Jésus-Christ.

Voir **Hébreux 12v24** : '' *de <u>Jésus</u> qui est le médiateur de la nouvelle alliance, et <u>du sang de l'aspersion qui parle mieux que celui d'Abel</u>.* ''

Abel était un homme de foi. Car sa foi a été démontré par son offrande offert à Dieu.

Voir **Hébreux 11v4** : '' *<u>C'est par la foi qu'Abel offrit à Dieu un sacrifice plus excellent</u> que celui de Caïn ; <u>c'est par elle qu'il fut déclaré juste</u>, Dieu approuvant ses offrandes ; et c'est par elle qu'il parle encore, quoique mort.* ''

N.B : Adam a vécu 930 ans. Et, il fut chef d'un peuple qui n'avait qu'une seule langue. Adam n'exerçait pas son ministère dans un sacerdoce visible, comme celui ordonné à Moïse, pour le peuple d'Israël, mais par la foi. C'est-à-dire, sans une représentation quelconque.

Après Adam, il n'y aura plus de leader, pendant longtemps sur la terre. Ainsi, le monde, ou l'humanité devrait être conduit par des anges incarnés. Malheureusement, ils ne purent être pour les humains un modèle, tel que voulu par l'Eternel Dieu.
Ils vont se corrompre, et faire corrompre aussi les humains.

Voir **Genèse 6v1,2,4-7** : '' *<u>Lorsque les hommes eurent commencé à se multiplier sur la face de la terre, et que des filles leur furent nées, les fils de Dieu (ou les anges) virent que les filles des hommes étaient belles, et ils en prirent pour femmes parmi toutes celles qu'ils choisirent. Les géants étaient sur la terre en ces temps-là, après que les fils de Dieu furent venus vers les filles des hommes, et qu'elles leur eurent donné des enfants</u> : ce sont ces héros qui furent fameux dans l'antiquité. <u>L'Éternel vit que la méchanceté des hommes était grande sur la terre, et que toutes les pensées de leur cœur se portaient chaque jour uniquement vers le mal</u>. L'Éternel se repentit d'avoir fait l'homme sur la terre, et il fut affligé en son cœur. Et l'Éternel dit : J'exterminerai de la face de la terre l'homme que j'ai créé, depuis l'homme jusqu'au bétail, aux reptiles, et aux oiseaux du ciel ; car je me repens de les avoir faits.* ''

En le disant ; Dieu ne détruit pas tout de suite la terre. Mais, il attendit jusqu'à ce qu'il eut envoyé un autre leader, en remplacement d'Adam. Et, c'est donc Noé qui succédera à Adam ; bien qu'il exista des hommes avant lui. C'est là que Dieu va amener son plan sur la destruction de la terre, en accomplissement.

Voir **Genèse 6v8-9** : '' *Mais <u>Noé trouva grâce aux yeux de l'Éternel</u>.*
Voici la postérité de Noé. Noé était un homme juste et intègre dans son temps ; Noé marchait avec Dieu. ''

Noé n'était pas seulement juste et intègre, ni ne marchait pas seulement avec Dieu ; mais **Noé était un Prédicateur de la parole de Dieu**. En d'autre terme ; Noé était Ministre de la Parole, ou Serviteur de Dieu. Il était chargé d'annoncer la Bonne Nouvelle à l'humanité, à cette époque-là, pour que, ceux-ci sauvent leurs vies du déluge, lequel était l'image du salut pour le royaume de Dieu. C'était une façon pour Noé ; de corriger les fautes commises par les anges.

Voir **2 Pierre 2v4-5** : " *Car, <u>si Dieu n'a pas épargné les anges qui ont péché, mais s'il les a précipités dans les abîmes de ténèbres et les réserve pour le jugement ; s'il n'a pas épargné l'ancien monde</u>, mais <u>s'il a sauvé Noé, lui huitième, ce prédicateur de la justice</u>, lorsqu'il fit venir le déluge sur un monde d'impies.* "

Noé, le remplaçant d'Adam avait exercé son ministère sur la terre, par la foi. C'est la même chose qu'Adam.

Voir **Hébreux 11v7** : " *<u>C'est par la foi que Noé, divinement averti des choses qu'on ne voyait pas encore</u>, et saisi d'une crainte respectueuse, construisit une arche pour sauver sa famille ; c'est par elle qu'il condamna le monde, <u>et devint héritier de la justice qui s'obtient par la foi.</u>* "

Après le déluge ; Noé devint un grand chef. Car, c'est lui, le père du nouveau monde, ou le monde actuel. La terre entière d'aujourd'hui est uniquement composé des descendants des trois fils de Noé : Sem, Cham et Japhet.

REMARQUES TRES IMPORTANTES 1

Tous les peuples du monde actuel sont issus de ces trois hommes, lesquels sont les fils de Noé. Car, Noé n'a plus eu d'enfant en dehors de ces trois. Et, si le monde se déchire aujourd'hui ; c'est à cause de l'ignorance, ou la diffamation de la vraie histoire de l'origine du monde par le diable Satan avec ses démons. Mais aussi quelque part, à cause de l'accomplissement des prophéties bibliques.

Que firent Satan et les démons ?

Satan et les démons ont amené l'homme de se détourner de lui-même. Ainsi, le doute conduira l'homme à la recherche de son existence.
Cette recherche va pousser l'homme à chercher à connaître l'origine de toutes choses. D'où, l'aventure d'un grand espace de réflexion, appelé : « **La Philosophie** ». Et, c'est d'elle finalement que vont naître toutes les formes de sciences qui envahiront la terre.

La philosophie, en effet vient de l'association de deux mots ; qui sont : Philos et Sofia.

- Philos qui veut dire : Amour.

Et

Sophia qui veut dire : Sagesse.

Ainsi, la Philosophie se définit comme ; l'amour de la sagesse.
Ce courant inspiré par le diable avec ses démons a constitué un moyen par lequel, les esprits mauvais vont introduire dans le monde plusieurs formes de pensées qui troubleront en fin de compte l'assurance ou la confiance du commencement, laquelle permettait à l'homme, de reconnaître sur lui un Créateur unique, qui est le propriétaire de toutes choses, et dont l'être humain ressemblerait.

Voir **1 Timothée 4v1** : *'' Mais l'Esprit dit expressément que, dans les derniers temps, quelques-uns abandonneront la foi, pour s'attacher à des esprits séducteurs et à des doctrines de démons. ''*

Alors, que veut dire **doctrine** ?

C'est la science, l'ensemble des connaissances possédées.

Alors, que veut dire la science ?

C'est une connaissance exacte et raisonnée.

Ainsi, les mauvais esprits se sont très bien organisés, dans le but de mettre à la disposition de l'homme, plusieurs mauvaises connaissances, lesquelles se soutiennent quelques parts, et se contredisent d'autres parts.
C'est de ces connaissances que tirent leurs origines ; les coutumes des peuples de la terre. Et ce sont d'elles que sont formées toutes les sectes pernicieuses de la terre, ainsi que toutes les religions de la terre.
Pour reconnaître, ou découvrir ces formes de connaissances ; on pourrait en citer quelques-unes :

1 – **Le rejet d'un monde crée par Dieu, à partir de l'eau**.

Voir **2 Pierre 3v5** : *'' Ils veulent ignorer, en effet, que des cieux existèrent autrefois par la parole de Dieu, de même qu'une terre tirée de l'eau et formée au moyen de l'eau. ''*

N.B : Ces humains corrompus ont reçu la connaissance autre sur l'origine des cieux et de la terre. Et, certains, bien que prononçant le nom « Dieu », mais attribuant l'existence du monde à autres choses. Et, il y a des formes de courants d'idées qui logent dans les esprits des humains, de cette conception.

2 – **Le changement de la vérité en mensonge, d'où, le projet de dissolution de l'Eternel Dieu ; et remplacement d'autres choses à la place de Dieu.**

Voir **Romains 1v21-25** : *'' Puisque, ayant connu Dieu, ils ne l'ont point glorifié comme Dieu, et ne lui ont point rendu grâces ; mais ils se sont égarés dans leurs pensées, et leur cœur sans intelligence a été plongé dans les ténèbres. Se vantant d'être sages, ils sont devenus fous ; et ils ont changé la gloire du Dieu incorruptible en images représentant l'homme corruptible, des oiseaux, des quadrupèdes, et des reptiles. C'est pourquoi Dieu les a livrés à l'impureté, selon les convoitises de leurs cœurs ; en sorte qu'ils déshonorent eux-mêmes leurs propres corps ; eux qui ont changé la vérité de Dieu en mensonge, et qui ont adoré et servi la créature au lieu du Créateur, qui est béni éternellement. Amen ! ''*

N.B : Sous l'inspiration des mauvais esprits, les corrompus ont érigé des enseignements ou genres de connaissances qui tendent à mépriser Dieu ; d'où, l'interdiction de lui glorifier, et de lui rendre grâce quelques parts.
Mais ils ont préféré de donner la gloire de Dieu aux hommes, aux oiseaux, aux quadrupèdes et aux reptiles, bref, aux choses de la nature. Ils ont remplacé la vérité de Dieu par le

mensonge, et de n'adorer ni servir Dieu ; mais la nature. En un mot : Ils ont créé leurs dieux, à la place du Dieu Créateur.

Voir **1 Corinthiens 8v5** : " *Car, s'il est des <u>êtres qui sont appelés dieux</u>, soit dans le ciel, soit sur la terre, comme <u>il existe réellement plusieurs dieux</u> et <u>plusieurs seigneurs</u>.* "

Il y a donc des effigies des créatures qui sont adorées par d'autres créatures ; des humains bien sûr ! Et aussi, certaines représentativités sont érigées sous formes des statuts, ou de monuments.

Voir **Actes 19v26** : " *et vous voyez et entendez que, non seulement à Éphèse, mais dans presque toute l'Asie, ce Paul a persuadé et détourné une foule de gens, en <u>disant que les dieux faits de main d'homme ne sont pas des dieux</u>.* "

C'est une façon de dire : Qu'on ne fabrique pas Dieu. Et donc, tous les fabriqués ne sont pas Dieu, mais dieux.

3 – Le rejet du salut de Dieu, et remplacement par d'autres choses ou pratiques.

Il y a des humains qui se présentent comme des serviteurs ou des servantes de Dieu, le Créateur du ciel et de la terre. En se passant des serviteurs de Dieu ; ils prennent des apparences similaires à celles des vrais serviteurs de Dieu. Alors qu'ils ne sont pas des vrais serviteurs de Dieu.

Voir **Colossiens 2v23** : " *Ils ont, à la vérité, <u>une apparence de sagesse, en ce qu'ils indiquent un culte volontaire, de l'humilité, et le mépris du corps</u>, mais ils sont sans aucun mérite et <u>contribuent à la satisfaction de la chair</u>.* "

Et, ce sont ces serviteurs et servantes qui introduisent sous les orientations des esprits impures, des doctrines pernicieuses, et, ils poussent les ignorants d'adorer autres choses à la place de Dieu. Notamment, la nature physique et spirituelle.

Voir **Colossiens 2v18** : " *Qu'aucun homme, <u>sous une apparence d'humilité</u> et par un <u>culte des anges</u>, ne vous ravisse à son gré le prix de la course, tandis qu'il s'abandonne à ses visions et <u>qu'il est enflé d'un vain orgueil par ses pensées charnelles</u>.* "

- A l'apparence ; les corrompus se laissent lire comme des sages.

- Ils organisent des cultes volontaires. C'est-à-dire qu'ils se donnent eux-mêmes du temps par dévouement au profit d'un salut quelconque ; tel qu'ils en ont reçu l'inspiration de par les mauvais esprits.

- Les cultes des anges. C'est-à-dire, honorer ou adorer les anges, en faisant des prières, des requêtes, en s'adressant aux anges.

- Ils se rendent humbles et désintéressés. Car, c'est par-là, que nombreux de gens se laissent convaincre.

- Ils méprisent leurs corps ; en se donnant des traitements tels qu'ils n'ont rien, qu'ils trouvent de valeur, ou d'important dans le monde. C'est-à-dire encore, que tout ce qu'ils peuvent vivre dans le monde ; en bien ou en mal, c'est normal.

- Ils font des cultes des esprits (les esprits soient disant des ancêtres, des forces de la nature ou des démons, des soient disant anges de Dieu, bien que faux, etc.)

Le monde étant devenu morceler ; les humains se trouvent repartis en groupes. Une multitude des sectes pernicieuses, ou des ténèbres, peu de sectes de lumières (ou de vérité) ; plusieurs types de religions, et d'églises.

Alors, ceux des sectes des ténèbres ou pernicieuses, et les religions sont ensembles, y compris des églises. Mais tout ce monde s'oppose à l'Eglise, aujourd'hui.

Or, par-rapport à Dieu ; le salut s'obtient uniquement par la foi en Jésus-Christ.

Voir **Actes 4v12** : '' _Il n'y a de salut en aucun autre ; car il n'y a sous le ciel aucun autre nom qui ait été donné parmi les hommes, par lequel nous devions être sauvés._ ''

Malgré que la terre est divisée, la majorité se trouve parmi ceux du diable. Seulement ; vouloir ou non, la terre toute entière est sortie d'un seul et même sang. Quel que soit la couleur de la peau. Car, la couleur de la peau n'a rien à avoir avec les groupements sanguins. N'importe qui peut prendre en transfusion, le sang de qui que ce soit, quel que soit la couleur de la peau. Ce qui est important ; c'est que la personne qui devra être transfusée, et le sang du donateur puisse avoir des mêmes groupes. Car pour le sang, ce n'est pas un problème de la couleur de la peau ; mais, c'est le problème juste du groupe sanguin.

Voir **Actes 17v26** : '' _Il a fait que tous les hommes, sortis d'un seul sang, habitassent sur toute la surface de la terre, ayant déterminé la durée des temps et les bornes de leur demeure._ ''

Puis que, tous les hommes sont sortis d'un seul sang ; il serait important de les préciser par-rapport à leurs lignées. Car, tous les descendants d'Adam étaient tués, à l'exception de seul Noé avec sa femme ainsi que ses enfants avec leurs femmes.

Ainsi, le nouveau monde, ou le monde actuel, est peuplé par les descendants de ces trois enfants de Noé : Sem, Cham, et Japhet.

- **Sem** signifie **nom** ou **renom**. Le premier fils de Noé. De lui sont sortis :

* **Les descendants d'Elam** : Ce sont des peuples qui habitent le territoire situé entre le Golfe Persique, la Médie, la Babylonie et la Perside. C'est le pays qu'on appelait la Perse. **Ce territoire était habité par les descendants de Sem (par Elam) ainsi que celle de Japhet (Madaï). C'est aujourd'hui l'Iran.**

N.B : Élam (élamite _Haltamtu,_ perse _Huwaja,_ grec _Susiana_ ou _Elymais,_ sumérien et hébreu _Elam),_ royaume antique d'Asie, situé au nord du golfe Persique et à l'est du Tigre, et correspondant approximativement à la province actuelle du Khouzistan, en Iran. La capitale d'Élam était Suse, la ville actuelle de Shush. On compte parmi d'autres cités importantes Awan, Simash, Madaktu et Dur-Untash, le site de l'actuelle Tchogha-Zanbil, en Iran. Durant plusieurs périodes de l'histoire élamite, les souverains se donnèrent le titre de « rois d'Anshan et Shushan ». Anshan a été identifiée avec succès à l'actuelle Tepe Mahjan dans le sud-ouest de l'Iran.

* **Les descendants d'Assur** : Ce sont des peuples dont le pays est l'Assyrie.

La partie occidentale du pays se composait d'une steppe ne pouvant accueillir qu'une population nomade. La partie orientale avec ses collines boisées et ses vallées fertiles irriguées par de petites rivières était, en revanche, idéale pour l'agriculture. À l'est de l'Assyrie se trouvent les monts Zagros ; au nord, une succession de plateaux mène au massif arménien ; la plaine mésopotamienne s'étend à l'ouest. Au sud se trouve le pays initialement appelé Sumer, ensuite Sumer et Akkad, et enfin Babylonie.

Mésopotamie est le nom que les anciens Grecs donnèrent à la région où tous ces pays, dont l'Assyrie, se développèrent. Les cités les plus importantes d'Assyrie, toutes situées sur le territoire actuel de l'Irak, furent Assur (aujourd'hui al-Charqat), Ninive (aujourd'hui le tertre fouillé de Quyundjik), Kalah (aujourd'hui Nimrud) et Dur-Sharrukin (aujourd'hui Khorsabad).

*** Les descendants d'Aram** : Ce sont des peuples qui habitèrent l'actuelle Syrie et Iraq.

N.B : Aram (en hébreu, « région montagneuse », par opposition au plat pays de Canaan), ancien pays au nord-est de la Palestine, entre la chaîne du Liban et l'Euphrate, correspondant approximativement à l'actuelle Syrie. Les Araméens, un peuple sémite, occupèrent cette région entre le XIe et le VIIIe siècle av. J.-C. Leur langue était l'araméen.

*** Les descendants d'Arpaschad** : Ce sont les descendants qui formèrent le peuple nommé : Hébreux (descendants par Heber). Et, les descendants d'Havila ; Havila qui est l'Inde.

N.B : Toute la descendance de Sem habitat depuis Mescha, du côté de Séphar jusqu'à la montagne de l'Orient. Ainsi :

- **Méscha** : Une ville d'Arabie ; aujourd'hui Musa ou Maushid.

- **Séphar** : La montagne délimitant le territoire de Jokthan, supposée se trouver au Yemen.

- **Montagne de l'Orient** : Massif de Champagne (Aube : affluent de la Seine : Département français à l'Est de Troyes (ancienne province de France).

En somme ; les descendants de Sem sont une partie en Europe ; une partie, la plus grande en Asie et une très fine partie en Afrique, vers l'Ethiopie et autres.

- **Cham** signifie **chaud**, le deuxième fils de Noé. Il eut quatre fils : Cusch, Mistraïm, Puth et Canaan, l'aîné.

N.B : Cham, dans la Genèse, le second des trois fils de Noé qui repeuplèrent la terre après le Déluge. Selon la généalogie présentée dans le Genèse, Cham eut quatre fils qui engendrèrent les peuples du Sud de la terre : Consh (**Cusch**) devint l'ancêtre des Éthiopiens, Miçrayim (**Mistraïm**) celui des Égyptiens, **Canaan** celui des Cananéens (les premiers habitants de la Palestine avant les Israélites) et **Puth** celui d'un peuple africain établi en Libye

Voir la **Genèse 10v 1, 6-20** : *'' Voici la postérité des fils de Noé, Sem, Cham et Japhet. Il leur naquit des fils après le déluge. Les fils de Cham furent :* <u>*Cusch*</u>*,* <u>*Mitsraïm*</u>*,* <u>*Puth*</u> *et* <u>*Canaan*</u>*. Les fils de Cusch : Saba, Havila, Sabta, Raema et Sabteca. Les fils de Raema: Séba et Dedan.*

Cusch engendra aussi Nimrod; c'est lui qui commença à être puissant sur la terre. Il fut un vaillant chasseur devant l'Éternel ; c'est pourquoi l'on dit : Comme Nimrod, vaillant chasseur devant l'Éternel. Il régna d'abord sur Babel, Érec, Accad et Calné, au pays de Schinear. De ce pays-là sortit Assur ; il bâtit Ninive, Rehoboth Hir, Calach, et Résen entre Ninive et Calach ; c'est la grande ville. Mitsraïm engendra les Ludim, les Anamim, les Lehabim, les Naphtuhim, les Patrusim, les Casluhim, d'où sont sortis les Philistins, et les Caphtorim. Canaan engendra Sidon, son premier-né, et Heth ; et les Jébusiens, les Amoréens, les Guirgasiens, les Héviens, les Arkiens, les Siniens, les Arvadiens, les Tsemariens, les Hamathiens. Ensuite, les familles des Cananéens se dispersèrent. Les limites des Cananéens allèrent depuis Sidon, du côté de Guérar, jusqu'à Gaza, et du côté de Sodome, de Gomorrhe, d'Adma et de Tseboïm, jusqu'à Léscha. Ce sont là les fils de Cham, selon leurs familles, selon leurs langues, selon leurs pays, selon leurs nations. "

L'Égypte est mentionnée plusieurs fois dans les Psaumes comme le « **pays de Cham** ».

Voir **Psaumes 105v23-27** : *" <u>Alors Israël vint en Égypte, et Jacob séjourna dans le pays de Cham</u>. Il rendit son peuple très fécond, et plus puissant que ses adversaires. Il changea leur cœur, au point qu'ils haïrent son peuple*
Et qu'ils traitèrent ses serviteurs avec perfidie. Il envoya Moïse, son serviteur, et Aaron, qu'il avait choisi. Ils accomplirent par son pouvoir des prodiges au milieu d'eux, <u>ils firent des miracles dans le pays de Cham</u>. "

Et :

Voir **Psaumes 106v22** *: " <u>Des miracles dans le pays de Cham, des prodiges sur la mer Rouge.</u> "*

De toute évidence à cause de la généalogie de la Genèse. Le nom du dieu égyptien Amon pourrait avoir la même origine. Les philologues et les ethnologues distinguent une famille de langues et peuples nord-africains qu'ils appellent chamito-sémitiques. *Voir* Afro-asiatiques, langues.

* **Les descendants de Cusch** : Cusch qui veut dire : Noire, ou peau noire : Cusch quitta l'Egypte (territoire) et devient lui aussi un territoire nommé Ethiopie ; d'où Cusch c'est l'Ethiopie ancienne.
Ils habitèrent le Yémen, l'Inde, L'Arabie Felix, le Soudan (la Nubie), habitant de l'au-delà de la Mer morte.

* **Les descendants de Mistraïm** : Mistraïm ; c'est l'Egypte. Et, le peuple qui y habitèrent était de peau noire. L'ancien Egypte appartait du Moyen-Orient, et la partie devenue l'Afrique aujourd'hui, celle qu'ils occupent encore. Mais de Mistraïm ; plusieurs autres peuples sortirent de lui, et qui finirent par occuper d'autres territoires dans ce continent.

* **Les descendants de Cashuhim (ou Casluhim)** : Cashuhim est le fils de Mistraïm (l'Egypte). Ce sont des peuples d'une part : les Philistins. Le territoire des Philistins ; c'est la Palestine.

* **Les descendants de Caphtorim** : Ce sont d'autre part des Philistins.

N.B : Philistins, peuple non sémitique qui s'établit sur le littoral au sud de la Palestine, actuellement la bande de Gaza, au XIIe siècle av. J.-C. Selon l'Ancien Testament (**Amos 9v 7 ; Jérémie 47v4 ; Deutéronome 2v23**), ils venaient de Caphtor, souvent identifié à la Crète, ce qui leur valut l'appellation de « **Peuples de la Mer** » par les Égyptiens. Bien que l'on ait évoqué une origine pélasgique, la plupart des chercheurs accréditent l'origine crétoise des Philistins.

Les Philistins sont issus de Cashuhim et de Caphtorim. Voir :

- **Jérémie 47v4** : *'' Parce que le jour arrive où seront détruits tous les Philistins, Exterminés tous ceux qui servaient encore d'auxiliaires à Tyr et à Sidon ; car l'Éternel va détruire <u>les Philistins, les restes de l'île de Caphtor</u>. ''*

- **Amos 9v7** : *'' N'êtes-vous pas pour moi comme les enfants des Éthiopiens, enfants d'Israël ? dit l'Éternel. <u>N'ai-je pas fait sortir</u> Israël du pays d'Égypte, comme <u>les Philistins de Caphtor</u> et les Syriens de Kir ? ''*

N.B : **Pul** qui n'est pas cité dans la Genèse parmi les descendants de certains peuples déjà cité. **Pul** fait partie de la descendance de Cham ; et c'est lui qui est le peuple de la **Mauritanie ancienne**.
En effet, Pul est cité parmi les territoires voisines d'Ethiopie, d'Egypte et de Lybie.

Voir **Esaïe 66v19** : *'' Je mettrai un signe parmi elles, et j'enverrai leurs réchappés vers les nations, à <u>Tarsis</u>, à Pul et à <u>Lud</u>, qui tirent de l'arc, à Tubal et à Javan, aux îles lointaines, qui jamais n'ont entendu parler de moi, et qui n'ont pas vu ma gloire ; et ils publieront ma gloire parmi les nations. ''*

*** Les descendants de Puth** :

Lybie est l'appellation donnée au territoire nommé **Puth** par l'un des fils de **Mistraïm** : **Lehabim**.

Voir **Genèse 50v11** : *'' Les habitants du pays, les Cananéens, furent témoins de ce deuil dans l'aire d'Athad, et ils dirent : Voilà un grand deuil parmi les Égyptiens ! C'est pourquoi l'<u>on a donné le nom d'Abel-Mitsraïm à cette aire qui est au-delà du Jourdain</u>. ''*

Lehabim est cité parmi les enfants de Mistraïm.

Voir **1 Chroniques 1v11-12** : *'' <u>Mitsraïm engendra</u> les Ludim, les Ananim, <u>les Lehabim</u>, les Naphtuhim, les Patrusim, les Casluhim, d'où sont sortis les Philistins, et les Caphtorim. ''*

*** Les descendants de Canaan** :

Les descendants de Canaan perdirent certains de leurs territoires, lesquels devaient échoir à Israël comme : « **Terre promise** ». Et cela, c'est pour l'accomplissement de la malédiction prophétique de Noé contre Cham, son deuxième fils, qui le déshonora le jour où, il fut ivre de vin ; la malédiction envers le fils aîné de Cham : « **Canaan** ».

Voir **Genèse 9v24-27** : *''Lorsque <u>Noé se réveilla de son vin, il apprit ce que lui avait fait son fils cadet. Et il dit : Maudit soit Canaan</u> ! qu'il soit l'esclave des esclaves de ses frères ! Il dit* *encore : Béni soit l'Éternel, Dieu de Sem, et que Canaan soit leur esclave ! Que Dieu étende les possessions de Japhet, qu'il habite dans les tentes de Sem, et que Canaan soit leur esclave !* "

Les villes restées au Cananéens aujourd'hui : - Sidon ou Saïda-Heth ou Juda-Jébus ou encore Jérusalem-Amor ou enfin El-jib-Ark-tel Arka – Sin ou Liban-Arvad ou Rouad – Hamath ou Une des villes de Syrie.

En somme, les descendants de Cham ; ce sont tous les humains pratiquement de peaux noires, peaux sombres, peaux jaunes ; tel qu'on pourrait les trouver en Afrique actuelle, au Moyen-Orient, en Asie ; plus précisement, en dehors de l'exode : En Inde, au Yemen, au Liban, en Syrie, en Crète (l'île), en Israël, en Palestine, …

- Japhet signifie : Qui s'étend bien loin, son troisième ou son dernier fils. Les fils de Japhet, avec leurs descendants.

*** Les descendants de Gomer** :

Il s'agit :

Les Cimmériens : La Grèce, la Turquie, la Mysie et la Carie.

. **La Mysie** ; c'est aujourd'hui Pergame

. **La Carie** ; c'est aujourd'hui Milet, Halicarnasse.

L'Istanbul ; l'Anatholie.
Anatolie (Anatholie), également appelée **Asie Mineure**, région d'Asie correspondant à la majeure partie asiatique de la Turquie.

Péninsule du Proche-Orient, l'Anatolie est bordée par la mer Méditerranée (au sud), la mer Noire (au nord), la mer Égée (à l'ouest), l'Euphrate et la chaîne du Taurus (à l'est).

Istanbul, anciennement Byzance puis Constantinople, ville du nord-ouest de la Turquie, située sur la mer de Marmara, à l'entrée du détroit du Bosphore. Première ville du pays, Istanbul se situe à cheval sur l'Europe et l'Asie.

*** Les Cimbres** : L'un des peuples germaniques avec les Teutons, habitants tous deux de Gaulle.

*** Les Celtes** : Le groupe des peuples parlant une langue Indo-européenne : Les Allemands. Parmi les Celtes ; on peut citer : Les Espagnoles, les Italiens, les Yougoslaves, Les Britanniques.

*** Les descendants de Javan** :

C'est le peuple de la Grèce.

* Les autres descendants de Japhet :

. **Magog** : Père des Scythes ou Tartères. Il s'agit de la population de l'Asie centrale ; précisément les Mogols.

. **Madaï** : Père des Mèdes.

Mèdes : Ce sont des habitants de la Médie ; pays d'Asie, situé au centre du plateau iranien délimité par l'Arménie, la Parthie, la Perse (ou Iran), l'Assyrie et la mer Caspienne. Peuple de langue Indo-européenne (Germain), ils occupent l'actuelle Allemagne. Puis ils envahirent l'Europe Occidentale et la Grande-Bretagne.

. **Huns** : Nom attribué à plusieurs peuples nomades d'Asie.

. **Tubal** : Ancêtre dont les descendants habitèrent au nord de la mer Noire et certains émigrèrent en Espagne.

. **Tiras** : Ses descendants peuplèrent la Thrace.

Thrace : c'est la région de l'Europe Orientale, partagée en Grèce (Thrace Occidentale), la Turquie (Thrace Orientale) et la Bulgarie (Thrace du Nord, ou Romelie Orientale).

En somme, les descendants de Japhet, le troisième fils de Noé ; ce sont eux qui occupent l'Europe, ainsi qu'une partie de l'Asie.

Ayant mentionné clairement les origines de tous les peuples de la terre, lesquels sont issus d'un seul et même sang : Le sang d'Adam.

On peut alors poursuivre l'examen des serviteurs de Dieu, avant la loi de Moïse en Israël et dans le monde.

Ainsi, après le règne de Noé, comme roi et conducteur spirituel du peuple de son temps : car Noé fut un Prédicateur de la parole de Dieu. Noé prêchait sur la justice de Dieu, comme seule condition pour être sauvé du déluge qui devait venir sur la terre, lequel tuerait tous les habitants de la terre.
Après donc Noé, viendra son petit-fils, dans la lignée de Cham, nommé **Nimrod** (**Nimrud**). Nimrod fut le troisième roi qui règnera sur la terre, après Adam et Noé. C'est lui qui battit toutes les cités de cette époque-là.

Voir **Genèse 10v8-12** : '' *Cusch engendra aussi Nimrod ; c'est lui qui commença à être puissant sur la terre. Il fut un vaillant chasseur devant l'Éternel* ; c'est pourquoi l'on dit : Comme Nimrod, vaillant chasseur devant l'Éternel. Il régna d'abord sur Babel, Érec, Accad et Calné, au pays de Schinear. De ce pays-là sortit Assur ; il bâtit Ninive, Rehoboth Hir, Calach, et Résen entre Ninive et Calach ; c'est la grande ville. ''

Nimrod avait les faveurs de l'Eternel. Le Prédicateur de son peuple. Car tous faisaient ce qu'il disait. Ce qu'il faudrait retenir ; c'est que Nimrod était de peau noire. Car, les peaux ne posaient pas de problème, comme il en est le cas aujourd'hui. Dieu en effet, utilise qui il veut, comme il veut.

Tous ces gens manifestaient-ils la foi ?

Oui, car, c'est par la foi qu'ils manifestaient le respect envers celui qu'ils ne voyaient pas. Car c'était à partir d'elle qu'on pouvait vivre dans la crainte de Dieu. Et, ce qui permit qu'il y ait : **La crainte de l'Eternel, l'intégrité, etc.**

Nimrod après avoir fait son temps, et sous lui, la terre sera divisée en des langues multiples, le règne de Nimrod prendra fin, à partir de cet évènement. Tel qu'on peut lire dans le livre de la **Genèse 11v1-9** :

'' *Toute la terre avait une seule langue et les mêmes mots. Comme ils étaient partis de l'orient, ils trouvèrent une plaine au pays de Schinear, et ils y habitèrent.* <u>*Ils se dirent l'un à l'autre : Allons ! faisons des briques, et cuisons-les au feu. Et la brique leur servit de pierre, et le bitume leur servit de ciment. Ils dirent encore : Allons ! bâtissons-nous une ville et une tour dont le sommet touche au ciel, et faisons-nous un nom, afin que nous ne soyons pas dispersés sur la face de toute la terre*</u> (**contre la volonté de Dieu ; celui de remplir la terre, et de l'assujettir**). *L'Éternel descendit pour voir la ville et la tour que bâtissaient les fils des hommes. Et l'Éternel dit : Voici, ils forment un seul peuple et ont tous une même langue, et c'est là ce qu'ils ont entrepris ; maintenant rien ne les empêcherait de faire tout ce qu'ils auraient projeté. Allons ! descendons, et là* <u>*confondons leur langage, afin qu'ils n'entendent plus la langue, les uns des autres*</u> (**naissance des langues**). *Et* <u>*l'Éternel les dispersa loin de là sur la face de toute la terre ; et ils cessèrent de bâtir la ville.*</u> *C'est pourquoi on l'appela du nom de Babel, car c'est là que l'Éternel confondit le langage de toute la terre, et c'est de là que l'Éternel les dispersa sur la face de toute la terre.* ''

REMARQUES TRES IMPORTANTES 2

Après cette importante mission de Nimrod, laquelle sera soldée à un catastrophe inexplicable ; tous les dispersés iront avec une certaine connaissance de la parole de justice, celle-là que prêchaient tous les leaders de la terre, jusqu'à la séparation du genre humain, en des langues diverses.

Dans toutes les langues, il y aura des termes qui s'appliqueront sur toutes adresses. Ainsi, par exemples ; l'appellation « **Dieu** », aura son application dans toutes les langues. En Kongo, une langue de l'actuelle Afrique centrale. Dieu ; c'est « **Nzambi** ». Et, « **L'Eternel** » ; c'est « **Yawé** ». Ainsi de suite !
Ces différentes appellations montrent que, Dieu avait bien pris soin de faire de sorte que, les appellations, ou les mots soient décrits dans toutes les langues. Sauf que, les inter corporations habituelles et continues, ont poussé un grand nombre de langues à subir des modifications, et parfois de perte de vocabulaires, et autres manières et sens des phrases, des règles et principes de ces langues.

Ainsi, le nouveau monde, celui de chacun-chacun ; les choses nouvelles commenceront à naître, dans les sociétés divisées, ou à changer de formes. Ainsi, par rapport aux langues, il y aura de ceux qui conserveront les pratiques de la tradition linguistique et croyance, d'autres vont tout perdre, dans le désir de se voir plus supérieur aux autres, etc.

N.B : Le monde occulte du temps de Noé était totalement détruit. Mais les esprits mauvais, non ! Ceux-ci, reprendront encore, cette fois-ci, avec les générations ignorantes de toute justice inculquée par les anciens, à leurs descendants. Puis, petit à petit, commenceront à faire surface, les mêmes choses abolis hier !
Les choses pour lesquelles, l'ancien monde avait été détruit.

En dehors du royaume de Nimrod, beaucoup d'autres peuple dispersés avaient conservés leur croyance sur « **YAHVE** ».

Ainsi, à partir de Nimrod, on ne peut plus parler d'un seul leader de la lignée des trois précédents : Adam, Noé, et Nimrod. La croyance restera désormais un problème lié aux sociétés. Les descendants de chacun des enfants de Noé, devaient avoir leur propre manière d'orientation de leur croyance. Ainsi, certains vont retourner aux anciennes croyances. Et, certains vont avoir pour dieux, des humains comme eux, lesquels ont des capacités exceptionnelles.
Pour les autres encore, ce sont les démons qui se passent pour leurs dieux.

Il y a des peuples qui n'avaient pour Dieu que, YAHVE, et ceux d'autres qui n'avaient pour dieux que, les faux dieux. Alors, comment rencontrer le vrai Dieu ? C'est à partir de là, qu'il devra prendre existence, les notions de l'élection.
Si on est un élu, lui-même Dieu, sait de quelle manière, orienter ses élus. A moins qu'après avoir reçu l'orientation, et, la personne se désoriente d'elle-même. C'est ainsi qu'après Nimrod, on pourrait éventuellement prendre un exemple, lequel pourra servir d'une succession. On pourrait ainsi donc, parler d'**Abraham**.

Abraham, de son nom original : Abram !
Il fut né en Chaldée, plus précisément à Ur, une cité très réputée de son pays. Tel, on peut lire dans le livre de la **Genèse 11v27,28** :

" Voici la postérité de Térach. <u>Térach engendra Abram, Nachor et Haran</u>. Haran engendra Lot. Et <u>Haran mourut en présence de Térach, son père, au pays de sa naissance, à Ur en Chaldée</u>. "

Or, les Chaldéens étaient des peuples qui croyaient en tout ce qui n'était pas Dieu. Ils croyaient aux statuts, les amulettes, les téraphims, la magie, les fétiches, la sorcellerie, etc. Tel, il est écrit dans **Josué 24v 1,14,15** :

" Josué dit à tout le peuple : Ainsi parle l'Éternel, le Dieu d'Israël : <u>Vos pères, Térach, père d'Abraham et père de Nachor, habitaient anciennement de l'autre côté du fleuve, et ils servaient d'autres dieux</u>. Maintenant, craignez l'Éternel, et servez-le avec intégrité et fidélité. <u>Faites disparaître les dieux qu'ont servis vos pères de l'autre côté du fleuve et en Égypte</u>, et servez l'Éternel. Et si vous ne trouvez pas bon de servir l'Éternel, <u>choisissez aujourd'hui qui vous voulez servir, ou les dieux que servaient vos pères au-delà du fleuve, ou les dieux des Amoréens dans le pays desquels vous habitez</u>. Moi et ma maison, nous servirons l'Éternel. "

Abraham est donc né, dans ces genres de croyances. Et, il vécut ainsi, jusqu'à ce qu'il rencontrera le Dieu Tout-puissant. Tel qu'on peut lire dans le livre d'**Exode 6v3** :

" <u>Je suis apparu à Abraham</u>, à Isaac et à Jacob, <u>comme le Dieu tout-puissant</u> ; mais je n'ai pas été connu d'eux sous mon nom, l'Éternel. "

Alors, qui est donc Abraham ?

Abraham était un prophète. Il prêchait la justice, l'intégrité, l'obéissance et avait de la crainte de l'Eternel, etc.

Voir **Genèse 20v7** : *'' Maintenant, <u>rends la femme de cet homme ; car il est prophète</u>, il priera pour toi, et tu vivras. Mais, si tu ne la rends pas, sache que tu mourras, toi et tout ce qui t'appartient. ''*

Abraham pêchait la justice, la droiture, etc.

Voir **Genèse 18v19** : *'' Car <u>je l'ai choisi, afin qu'il ordonne à ses fils et à sa maison après lui de garder la voie de l'Éternel, en pratiquant la droiture et la justice</u>, et qu'ainsi l'Éternel accomplisse en faveur d'Abraham les promesses qu'il lui a faites. ''*

Abraham craignait l'Éternel.

Voir **Genèse 22v12** : *'' L'ange dit : N'avance pas ta main sur l'enfant, et ne lui fais rien ; <u>car je sais maintenant que tu crains Dieu</u>, et que tu ne m'as pas refusé ton fils, ton unique. ''*

Abraham obéissait à la voix de l'Eternel, il observait ses ordres, ses commandements, ses statuts et ses lois.

Voir **Genèse 26v5** : *'' parce qu'<u>Abraham a obéi à ma voix, et qu'il a observé mes ordres, mes commandements, mes statuts et mes lois</u>. ''*

Dans la famille de Térach, ce n'est pas seulement Abraham qui était juste, et qui servait le Tout-puissant ; il y avait aussi, son neveu Lot. Car, lorsqu'Abraham intercédait en faveur de Sodome et de Gomhorre, devant le Tout-puissant ; il lui demandait, en posant répétitivement cette même question : « **S'il y a … de justes … ?** »
Cette phrase n'apparaissait pas en vain. Abraham savait très bien, que Lot était un homme juste.

Voir **Genèse 18v23-33** : *''Abraham s'approcha, et dit : <u>Feras-tu aussi périr le juste avec le méchant</u> ? Peut-être y a-t-il cinquante justes au milieu de la ville : les feras-tu périr aussi, et <u>ne pardonneras-tu pas à la ville à cause des cinquante justes qui sont au milieu d'elle</u> ? Faire mourir le juste avec le méchant, en sorte qu'il en soit du juste comme du méchant, loin de toi cette manière d'agir ! loin de toi ! Celui qui juge toute la terre n'exercera-t-il pas la justice ? Et <u>l'Éternel dit : Si je trouve dans Sodome cinquante justes au milieu de la ville, je pardonnerai à toute la ville, à cause d'eux</u>. Abraham reprit, et dit : Voici, j'ai osé parler au Seigneur, moi qui ne suis que poudre et cendre. <u>Peut-être des cinquante justes en manquera-t-il cinq : pour cinq, détruiras-tu toute la ville</u> ? Et l'Éternel dit : Je ne la détruirai point, si j'y trouve <u>quarante-cinq justes</u>. Abraham continua de lui parler, et dit : <u>Peut-être s'y trouvera-t-il quarante justes</u>. Et l'Éternel dit : <u>Je ne ferai rien, à cause de ces quarante</u>. Abraham dit : Que le Seigneur ne s'irrite point, et je parlerai. <u>Peut-être s'y trouvera-t-il trente justes</u>. Et l'Éternel dit : <u>Je ne ferai rien, si j'y trouve trente justes</u>. Abraham dit : Voici, j'ai osé parler au Seigneur. <u>Peut-être s'y trouvera-t-il vingt justes</u>. Et l'Éternel dit : <u>Je ne la détruirai point, à cause de ces vingt</u>. Abraham dit : Que le Seigneur ne s'irrite point, et je ne parlerai plus que cette fois. <u>Peut-être s'y trouvera-t-il dix justes</u>. Et l'Éternel dit : <u>Je ne la détruirai point, à cause de ces dix justes</u>. L'Éternel s'en alla lorsqu'il eut achevé de parler à Abraham. Et Abraham retourna dans sa demeure. ''*

Qui était alors Lot ?

   Lot était le neveux d'Abraham, fils de son grand frère Haran, frère de Milca, femme de Nachor, frère d'Abraham. Il est né lui aussi à Chaldée, en Ur, où mourut et fut enseveli, son père Haran.

Voir **Genèse 11v27-32** : '' *Voici la postérité de Térach. Térach engendra Abram, Nachor et Haran.* <u>*Haran engendra Lot.*</u> *Et* <u>*Haran mourut en présence de Térach, son père, au pays de sa naissance, à Ur en Chaldée.*</u> *Abram et Nachor prirent des femmes : le nom de la femme d'Abram était Saraï, et le nom de* <u>*la femme de Nachor était Milca, fille d'Haran, père de Milca et père de Jisca.*</u> *Saraï était stérile : elle n'avait point d'enfants.* <u>*Térach prit Abram, son fils, et Lot, fils d'Haran, fils de son fils*</u>*, et Saraï, sa belle-fille, femme d'Abram, son fils. Ils sortirent ensemble d'Ur en Chaldée, pour aller au pays de Canaan. Ils vinrent jusqu'à Charan, et ils y habitèrent. Les jours de Térach furent de deux cent cinq ans ; et Térach mourut à Charan.* ''

Il y avait un grand travail que Lot faisait dans les villes de Sodome et de Gomorrhe, pour lequel, les habitants de ces villes, le prenaient d'un homme hors du commun.
Les filles de Lot étaient toutes deux vierges, malgré leurs âges. C'est pour ainsi dire que, c'était une famille modèle.

Voir **Genèse 19v6-8** : '' *Lot sortit vers eux à l'entrée de la maison, et ferma la porte derrière lui. Et il dit : Mes frères, je vous prie, ne faites pas le mal ! Voici,* <u>*j'ai deux filles qui n'ont point connu d'homme*</u> *; je vous les amènerai dehors, et vous leur ferez ce qu'il vous plaira. Seulement, ne faites rien à ces hommes puisqu'ils sont venus à l'ombre de mon toit.* ''

Ainsi donc, en dehors d'Abraham qui était lui Ministre de la parole ; il y avait aussi Lot, son neveu, lequel était Prédicateur, un homme juste. Tel, il est écrit dans **2 Pierre 2v7-8** :

'' *Et s'il a délivré* <u>*le juste Lot*</u>*, profondément attristé de la conduite de ces hommes sans frein dans leur dissolution (*<u>*car ce juste, qui habitait au milieu d'eux, tourmentait journellement son âme juste à cause de ce qu'il voyait et entendait de leurs œuvres criminelles*</u>*).* ''

N.B : Ce temps ici, les Ministères agissait par la foi. Ainsi, les Ministres étaient des hommes et des femmes de foi.

     Dans les époques qui précédèrent la loi de Moïse, ce ne sont pas seulement dans la lignée de Sem qu'il y avait des ministres de Dieu du temps de la foi.
Il y en avait aussi dans d'autres lignées. Ainsi, on pourrait voir dans la lignée tel que, celle de Cham, le deuxième fils de Noé.
Dans le peuple de Cush, où sortit par exemple Jéthro, le beau-père de Moïse, sacrificateur du Dieu Très-Haut.
Celui qui fit connaître à son beau-fils, qui est l'Eternel, le Dieu Très-Haut !

Voir **Exode 2v1-** : '' <u>*Le sacrificateur de Madian avait sept filles.*</u> *Elles vinrent puiser de l'eau, et elles remplirent les auges pour abreuver le troupeau de leur père. Les bergers arrivèrent, et les chassèrent. Alors Moïse se leva, prit leur défense, et fit boire leur troupeau.* <u>*Quand elles furent de retour auprès de Réuel, leur père*</u>*, il dit : Pourquoi revenez-vous si tôt aujourd'hui ? Elles répondirent : Un Égyptien nous a délivrées de la main des bergers, et même il nous a* *puisé de l'eau, et a fait boire le troupeau. Et il dit à ses filles : Où est-il ? Pourquoi avez-vous laissé cet homme ? Appelez-le, pour qu'il prenne quelque nourriture. Moïse se décida à demeurer chez cet homme, qui lui donna pour femme Séphora, sa fille. ''*

Le sacrificateur de Madian, s'appelait aussi Jethro, en dehors de son appellation de Réuel.

Voir **Exode 3v1** : '' *Moïse faisait paître le troupeau de Jéthro, son beau-père, sacrificateur de Madian ; et il mena le troupeau derrière le désert, et vint à la montagne de Dieu, à Horeb. ''*

En dehors de Moïse ; on peut encore prendre un autre exemple sur la personne de Job.

Qui était cet homme, Job ?

Job faisait partir de la descendance où naquit les ancêtres d'Abraham. Car, le territoire où était né Job, appartenait aux descendants de Uts.

Voir **Job 1v1** : '' *Il y avait dans le pays d'Uts un homme qui s'appelait Job. Et cet homme était intègre et droit ; il craignait Dieu, et se détournait du mal. ''*

Et, Uts fut fils d'Aram, Aram, fils de Sem. Et donc, Uts fut petit fils de Sem, grand frère de Cham, et de Japhet.

Voir **Genèse 10v23** : '' *Les fils de Sem furent : Élam, Assur, Arpacschad, Lud et Aram. Les fils d'Aram : Uts, Hul, Guéter et Masch. ''*

N.B : L'ancêtre de Job ; Uts, a vécu avant Abraham, car Abraham fut descendant de Sem par Arpacschad, père de Heber (d'où vient l'appellation Hébreux).
Mais, Job fut l'ami du petit-fils d'Abraham, par son fils avec Kétura : Schuach.

Voir **Genèse 25v1-2** : '' *Abraham prit encore une femme, nommée Ketura. Elle lui enfanta Zimran, Jokschan, Medan, Madian, Jischbak et Schuach. ''*

Tandis que l'ami de **Job**, **Bildad** fut de la descendance de Schuach, fils d'Abraham avec Kétura.

Voir **Job 2v11** : '' *Trois amis de Job, Éliphaz de Théman, Bildad de Schuach, et Tsophar de Naama, apprirent tous les malheurs qui lui étaient arrivés. Ils se concertèrent et partirent de chez eux pour aller le plaindre et le consoler ! ''*

Job était un homme qui avait en lui, des qualités que possedaient seuls, les serviteurs de Dieu, dans le temps, avant que la loi de Moïse ne vint.
Ainsi, Ces qualités sont telles que ; Job était un homme **intègre** ; un homme **droit** ; un homme qui **craignait Dieu** ; un homme qui **se détournait du mal**, ou **juste**.

Voir **Job 1v1** : '' *Il y avait dans le pays d'Uts un homme qui s'appelait Job. Et cet homme était intègre et droit ; il craignait Dieu, et se détournait du mal. ''*

N.B : Tout ce qui vient d'être vu ; c'est pour nous emmener à comprendre que, servir Dieu n'est pas seulement du temps d'Israël ; mais cela remonte du temps de la Genèse, avant que la loi de Moïse ne vienne. Alors, tout ce monde servait Dieu par la foi. Il n'y avait pas encore sur la terre, un certain sacerdoce dit : « **Sacerdoce lévitique** ». Et aussi, Moïse n'a pas connu l'Eternel, dans ce sacerdoce lévitique !

On peut donc, remarquer ; avant de voir quelques choses sur le sacerdoce lévitique. En ce qui concerne la foi des anciens. Abel, deuxième fils d'Adam, lui était juste, une qualité que seuls les serviteurs de Dieu possèdent. Il fut sacrificateur.

Et, Enoch fut enlevé, sans qu'il ne passa pas la mort ; laissa derrière lui, toute une famille, comme on peut le lire dans le livre de la **Genèse 5v22-24** :

" Hénoc, après la naissance de Metuschélah, marcha avec Dieu trois cents ans ; et il engendra des fils et des filles. Tous les jours d'Hénoc furent de trois cent soixante-cinq ans. Hénoc marcha avec Dieu ; puis il ne fut plus, parce que Dieu le prit. "

Aussi, au sujet de la foi des anciens, il est dit :

Voir **Hébreux 11v4-5** : *" C'est par la foi qu'Abel offrit à Dieu un sacrifice plus excellent que celui de Caïn ; c'est par elle qu'il fut déclaré juste, Dieu approuvant ses offrandes ; et c'est par elle qu'il parle encore, quoique mort. C'est par la foi qu'Énoch fut enlevé pour qu'il ne vît point la mort, et qu'il ne parut plus parce que Dieu l'avait enlevé ; car, avant son enlèvement, il avait reçu le témoignage qu'il était agréable à Dieu. "*

On peut encore remarquer Noé, Abraham, et Sara, femme d'Abraham. Tel qu'il est écrit dans le livre des **Hébreux 11v 7-12** :

"C'est par la foi que Noé, divinement averti des choses qu'on ne voyait pas encore, et saisi d'une crainte respectueuse, construisit une arche pour sauver sa famille ; c'est par elle qu'il condamna le monde, et devint héritier de la justice qui s'obtient par la foi. C'est par la foi qu'Abraham, lors de sa vocation, obéit et partit pour un lieu qu'il devait recevoir en héritage, et qu'il partit sans savoir où il allait. C'est par la foi qu'il vint s'établir dans la terre promise comme dans une terre étrangère, habitant sous des tentes, ainsi qu'Isaac et Jacob, les cohéritiers de la même promesse. Car il attendait la cité qui a de solides fondements, celle dont Dieu est l'architecte et le constructeur. C'est par la foi que Sara elle-même, malgré son âge avancé, fut rendue capable d'avoir une postérité, parce qu'elle crut à la fidélité de celui qui avait fait la promesse. C'est pourquoi d'un seul homme, déjà usé de corps, naquit une postérité nombreuse comme les étoiles du ciel, comme le sable qui est sur le bord de la mer et qu'on ne peut compter. "

A présent, on peut passer sur les sacerdoces

LE SACERDOCE LEVITIQUE ET LES AUTRES SACERDOCES

Le sacerdoce ; c'est une fonction qui implique des devoirs, des responsabilités et beaucoup de dévouement. C'est encore la dignité et la fonction du ministre d'un culte.
Et lorsque l'on parle du sacerdoce lévitique ; on fait allusion à ce sacerdoce dont Moïse fut l'initiateur, selon l'ordre de l'Eternel.
Et, lévitique vient de Lévi, celui qui est le troisième fils de Jacob que lui enfanta Léa.

Voir **Genèse 35v23** : *'' Fils de Léa : Ruben, premier-né de Jacob, Siméon, <u>Lévi</u>, Juda, Issacar et Zabulon. ''*

Et aussi :

Voir **Genèse 29v34** : *'' Elle devint encore enceinte, et enfanta un fils, et elle dit : Pour cette fois, mon mari s'attachera à moi ; car <u>je lui ai enfanté trois fils. C'est pourquoi on lui donna le nom de Lévi</u>. ''*

Et, c'est dans cette tribu que sont nés : Marie, Aaron et Moïse ; lesquels l'Eternel Dieu enverra pour sortir d'Egypte, les enfants d'Israël. Voilà que, dans une même famille, l'Eternel suscitera trois ministres. Tel, il est écrit dans le livre de **Michée 6v4** :

'' Car je t'ai fait monter du pays d'Égypte, je t'ai délivré de la maison de servitude, et j'ai <u>envoyé devant toi Moïse, Aaron et Marie</u>. ''

C'est donc à cause de cela que, lorsqu'Aaron et Miriam (ou Marie), parlèrent contre Moïse ; ils dirent que, Dieu parlait aussi par eux. Tel, il est écrit dans le livre des **Nombres 12v1-8** :

'' <u>Marie et Aaron parlèrent contre Moïse</u> au sujet de la femme éthiopienne qu'il avait prise, car il avait pris une femme éthiopienne. <u>Ils dirent : Est-ce seulement par Moïse que l'Éternel parle ? N'est-ce pas aussi par nous qu'il parle</u> ? ''

Ainsi, les Ministres de Dieu utilisés par l'Eternel, pour le salut des enfants d'Israël étaient au nombre de trois :

1- Moïse

2- Aaron

3- Marie

N.B : L'exercice du sacerdoce n'étant venu en Israël qu'avec Moïse, dans le désert. Il siée donc de noter qu'en dehors du sacerdoce des Lévites, lequel était pour les Juifs dans la chair ; il y avait en même temps, plusieurs autres formes de sacerdoces. Ainsi, l'on va voir le sacerdoce lévitique, lequel est la préfiguration de l'Eglise, et en passant, seront également vu, à titre d'information, les autres formes de sacerdoces.

LE SACERDOCE LEVITIQUE

Le sacerdoce lévitique devait être exercé au sein d'une forme de construction nommée « **Tabernacle** » ou « **Tente d'assignation** » ou encore « **Tente de la rencontre** ». Car, c'est là que l'Eternel devait de temps en temps, se rencontrer avec celui qui représentait le peuple, pour recevoir de lui les doléances de celui-ci. Il s'agira du « **Souverain sacrificateur** ». Ce sacerdoce, étant très bien, et formidablement conçu ; ainsi, on peut voir de quoi, était-il constitué.

LA CONSTITUTION DU TABERNACLE

Le Tabernacle étant une construction matérielle ; il devait être donc composé :

- D'une cours avec encadrement de mure fabriqué en peau d'animaux.

- D'un compartiment de deux chambres fabriqué en peau d'animaux, séparée par des rideaux

A l'entrée du compartiment se trouvaient :

- L'Autel des holocaustes

- La Cuve d'airain

Ensuite, le rideau de la première chambre, ou lieu saint. Là, se trouvaient :

- La Table des pains de proposition

- Le Chandelier d'or à sept branches et sept lampes

- L'Autel des parfums (ou encens)

Ensuite enfin ; le rideau de la deuxième chambre, ou le lieu très saint, ou le saint des saints ; ou enfin, le lieu le plus saint. Là se trouvait l'Arche ou Coffre de l'Alliance ; contenant en son sein :

- La verge d'Aaron qui avait fleurie

- Les tables de la loi

- Un vase contenant la manne.

N.B : Cette disposition-ci, est celle qui était dans le Tabernacle érigé dans le désert. Et, dans le premier temple construit par Salomon.

Voir **Exode 40v20-33** : '' *Il prit le témoignage, et le plaça dans l'arche* ; il mit les barres à l'arche, et il posa le propitiatoire au-dessus de l'arche. Il apporta l'arche dans le tabernacle ; il mit le voile de séparation, et il en couvrit l'arche du témoignage, comme l'Éternel l'avait ordonné à Moïse. Il plaça la table dans la tente d'assignation, au côté septentrional du tabernacle, en dehors du voile ; et il y déposa en ordre les pains, devant l'Éternel, comme l'Éternel l'avait ordonné à Moïse. Il plaça le chandelier dans la tente d'assignation, en face de la table, au côté méridional du tabernacle ; et il en arrangea les lampes, devant l'Éternel, comme l'Éternel l'avait ordonné à Moïse. Il plaça l'autel d'or dans la tente d'assignation, devant le voile ; et il y fit brûler le parfum odoriférant, comme l'Éternel l'avait ordonné à Moïse. Il plaça le rideau à l'entrée du tabernacle. Il plaça l'autel des holocaustes à l'entrée du tabernacle, de la tente d'assignation ; et il y offrit l'holocauste et l'offrande, comme l'Éternel l'avait ordonné à Moïse. Il plaça la cuve entre la tente d'assignation et l'autel, et il y mit de l'eau pour les ablutions ; Moïse, Aaron et ses fils, s'y lavèrent les mains et les pieds ; lorsqu'ils entrèrent dans la tente d'assignation et qu'ils s'approchèrent de l'autel, ils se lavèrent, comme l'Éternel l'avait ordonné à Moïse. Il dressa le parvis autour du tabernacle et de l'autel, et il mit le rideau à la porte du parvis. Ce fut ainsi que Moïse acheva l'ouvrage. ''*

Mais, dans le deuxième temple reconstruit par le roi Cyrus, roi de Pers ; la disposition ne sera plus la même. Car, il nous est rapportée par l'apôtre Paul. Lui qui dans le passé, fut Pharisien, comme, on le sait certainement.

Voir **Philipiens 3v5** : '' *Moi, circoncis le huitième jour*, *de la race d'Israël, de la tribu de Benjamin, Hébreu né d'Hébreux ; quant à la loi, pharisien*. ''

- **Pour le deuxième temple reconstruit par le roi Cyrus, roi de Perse**.

Voir **Esdras 1v2-3** : ''*Ainsi parle Cyrus, roi des Perses : L'Éternel, le Dieu des cieux, m'a donné tous les royaumes de la terre, et il m'a commandé de lui bâtir une maison à Jérusalem en Juda*. Qui d'entre vous est de son peuple ? Que son Dieu soit avec lui, et qu'il monte à Jérusalem en Juda et bâtisse la maison de l'Éternel, le Dieu d'Israël ! C'est le Dieu qui est à Jérusalem. ''

- Pour le changement de dispositif, tel révèle l'apôtre Paul dans le l'épître aux **Hébreux 9v1-5** :

'' *La première alliance avait aussi des ordonnances relatives au culte, et le sanctuaire terrestre. Un tabernacle fut, en effet, construit. Dans la partie antérieure, appelée **le lieu saint**, étaient le chandelier, la table, et les pains de proposition. Derrière le second voile se trouvait la partie du tabernacle appelée **le saint des saints**, renfermant l'autel d'or pour les parfums, et l'arche de l'alliance, entièrement recouverte d'or. Il y avait dans l'arche un vase d'or contenant la manne, la verge d'Aaron, qui avait fleuri, et les tables de l'alliance*. Au-dessus de l'arche étaient les chérubins de la gloire, couvrant de leur ombre le propitiatoire (ou ce qui rend propice ou favorable ; d'où viennent les faveurs de l'Eternel) ... ''

N.B : Ici, contrairement au précédant tabernacle où seul, le coffre se trouvait dans le saint des saints ; ils se trouvera ; le coffre avec le chandelier d'or à sept branches, à sept lampes.

REMARQUES TRES IMPORTANTES 3

Le service de Dieu étant sacré ; il ne pouvait pas être exercé par toutes les tribus en Israël. C'est pourquoi, à cause de son caractère sacré ; il ne pouvait qu'être exercé par la tribu uniquement de Lévi. Donc, par les hommes et les femmes de cette tribu, tel qu'il est écrit dans le livre des **Nombres 12v1-2** :

'' *Marie et Aaron parlèrent contre Moïse au sujet de la femme éthiopienne qu'il avait prise, car il avait pris une femme éthiopienne. Ils dirent : Est-ce seulement par Moïse que l'Éternel parle ? N'est-ce pas aussi par nous qu'il parle ?* ''

N.B : L'Eternel se manifestait aussi bien par Moïse que par sa grande-sœur Marie, et son grand-frère Aaron. Et, ils étaient de la tribu de Lévi, de-même que leurs deux parents.

Voir **Exode 2v1-10** : '' *Un homme de la maison de Lévi avait pris pour femme une fille de Lévi*. Cette femme devint enceinte et enfanta un fils. Elle vit qu'il était beau, et elle le cacha pendant trois mois. Ne pouvant plus le cacher, elle prit une caisse de jonc, qu'elle enduisit de bitume et de poix ; elle y mit l'enfant, et le déposa parmi les roseaux, sur le bord du fleuve. La sœur de l'enfant se tint à quelque distance, pour savoir ce qui lui arriverait. La fille de Pharaon descendit au fleuve pour se baigner, et ses compagnes se promenèrent le long du fleuve. Elle aperçut la caisse au milieu des roseaux, et elle envoya sa servante pour la *prendre. Elle l'ouvrit, et vit l'enfant : c'était un petit garçon qui pleurait. Elle en eut pitié, et elle dit : C'est un enfant des Hébreux ! Alors la sœur de l'enfant dit à la fille de Pharaon : Veux-tu que j'aille te chercher une nourrice parmi les femmes des Hébreux, pour allaiter cet enfant ? Va, lui répondit la fille de Pharaon. Et la jeune fille alla chercher la mère de l'enfant. La fille de Pharaon lui dit : Emporte cet enfant, et allaite-le-moi ; je te donnerai ton salaire. La femme prit l'enfant, et l'allaita. Quand il eut grandi, elle l'amena à la fille de Pharaon, et il fut pour elle comme un fils. Elle lui donna le nom de Moïse, car, dit-elle, je l'ai retiré des eaux. "*

LE DEROULEMENT DU SERVICE SACRE

Le service sacré avait une façon d'être accompli, laquelle lui permettait l'exécution parfaite, et harmonieuse, de ses différentes fonctions. Et, ceux qui faisaient le service dans le Tabernacle étaient :

- Le Souverain Sacrificateur (ou le Grand Prêtre)

- Les Sacrificateurs (ou Prêtres)

Leurs rôles ou leurs façons de travailler était :

- **Pour les Sacrificateurs** :

Le nettoyage des ustensiles, des meubles, de l'approvisionnement, du magasin, des différentes collectes, du transport ou déplacement des objets sacrés, d'élevage d'animaux destinés à l'holocauste, le service de la boucherie de ces bêtes, la fabrication de l'encens, de l'huile pour les lampes, etc. Tel qu'il est écrit dans le livre de :

- Voir **Lévitique 2v1,2** : *" Lorsque quelqu'un fera à l'Éternel une offrande en don, son offrande sera de fleur de farine ; il versera de l'huile dessus, et il y ajoutera de l'encens. Il l'apportera aux sacrificateurs, fils d'Aaron ; le sacrificateur prendra une poignée de cette fleur de farine, arrosée d'huile, avec tout l'encens, et il brûlera cela sur l'autel comme souvenir. C'est une offrande d'une agréable odeur à l'Éternel. "*

- Voir **Lévitique 2v16** : *" Le sacrificateur brûlera comme souvenir une portion des épis broyés et de l'huile, avec tout l'encens. C'est une offrande consumée par le feu devant l'Éternel. "*

- Etc.

- **Pour le Souverain Sacrificateur ou Grand Prêtre** :

Il représente le peuple devant Dieu. Il était chargé des services liés à la purification, et aux expiations, il récitait à chaque fois la loi, il rappelait au peuple les différentes recommandations de l'Eternel, afin que le peuple s'en souvienne, et les garde ; puis les retransmettre à leurs enfants. Tel qu'on pourrait lire dans le livre de **Lévitique 24v3** :

" C'est en dehors du voile qui est devant le témoignage, dans la tente d'assignation, qu'Aaron la préparera, pour que les lampes brûlent continuellement du soir au matin en présence de l'Éternel. C'est une loi perpétuelle pour vos descendants. "

N.B : En dehors de ce qui est dit ; leurs femmes, leurs enfants (filles et garçons) étaient chargés soient pour les fabrications du parfums, d'huile pour l'onction, soient puiser de l'eau, soient s'occuper du bois de chauffe, etc.

Ce sont eux qui étaient des chantres, des protocoles, des gardiens du Tabernacle, et du temple, plus tard, des boulangers, pour des pains de proposition. Pour les différents services, on peut citer :

- Voir **Hébreux 9v6-7** : *" Or, ces choses étant ainsi disposées, <u>les sacrificateurs qui font le service entrent en tout temps dans la première partie du tabernacle ; et dans la seconde le souverain sacrificateur seul entre une fois par an, non sans y porter du sang qu'il offre pour lui-même et pour les péchés du peuple.</u> "*

N.B : Les Ministres au temps du Tabernacle :

- Le Souverain Sacrificateur ou le Grand Prêtre

- Le Sacrificateur ou Prêtre

- Les Lévites composé de gens de plusieurs fonctions, pour l'entretien du temple, en ce qui concerne le service sacré

- Le Prophète ou la Sentinelle ou encore le Messager.

REMARQUES TRES IMPORTANTES 4

Au temps qui précède Moïse, le sacerdoce n'avait rien de la loi charnelle, ni d'ordonnances charnelles. Mais, tout était révélé par des songes, des visions, des inspirations et par des apparitions divines. Ainsi, tout ce qui était reçu constituait ensuite, la base de la croyance, ou de la foi de par ces prédications-là. Mais avec le sacerdoce lévitique ; les choses deviennent charnelles. Tel qu'on peut bien lire dans le livre des **Hébreux 9v10** :

" et qui, avec les aliments, les boissons et les diverses ablutions, <u>étaient des ordonnances charnelles imposées seulement jusqu'à une époque de réformation.</u> "

Moïse serviteur de L'Eternel fut prophète.

Voir **Deutéronome 18v15** : *" L'Éternel, ton Dieu, te suscitera du milieu de toi, d'entre tes frères, <u>un prophète comme moi</u> : vous l'écouterez ! "*

Mais, Moïse n'avait été de toute sa vie en Egypte, qu'une seule fois en communion avec sa vraie famille, celle des Hébreux. Car, la deuxième fois ; il eut un scandale, l'empêchant d'être avec les siens ; d'où sa fuite vers Madian, territoire frontalier ou voisin de l'Egypte ; par crainte de la réaction de pharaon le grand, du fait qu'il tua un soldat égyptien à cause d'un esclave. Ainsi, connaissant Pharaon le Grand, et, de quoi était-il capable ; il devait s'enfuir, pour sauver sa vie.

Voir **Actes 7v21-24,26-29** : *" Et, quand il eut été exposé, la fille de Pharaon le recueillit, et l'éleva comme son fils. Moïse fut instruit dans toute la sagesse des Égyptiens, et il était puissant en paroles et en œuvres. <u>Il avait quarante ans, lorsqu'il lui vint dans le cœur de visiter ses frères, les fils d'Israël.</u> Il en vit un qu'on outrageait, et, prenant sa défense, il vengea celui qui était maltraité, et frappa l'Égyptien. <u>Le jour suivant, il parut au milieu d'eux comme ils se battaient, et il les exhorta à la paix : Hommes, dit-il, vous êtes frères ; pourquoi</u>*

vous maltraitez-vous l'un l'autre ? Mais celui qui maltraitait son prochain le repoussa, en disant : Qui t'a établi chef et juge sur nous ? Veux-tu me tuer, comme tu as tué hier l'Égyptien ? A cette parole, Moïse prit la fuite, et il alla séjourner dans le pays de Madian, où il engendra deux fils. "

LA VIE DE MOÏSE DANS LE PAYS DE MADIAN

Après la trahison perpétrée par l'un des Hébreux qui maltraitait l'un de ses frères ; Moïse va prendre la fuite, en direction du pays de Madian. Et là, il tombera entre les mains d'un homme, un Ministre de Dieu, par l'entremise de ses sept filles. Cet homme se nommait : « **Jethro** ». Comme il est lu dessus, dans le livre des **Actes 7**.

Madian n'est pas une ville, comme d'aucuns le pensent. Mais, c'est un pays. C'est une autre appellation qu'était nommée le territoire qu'on appelait l'Ethiopie. Comme cela est écrit dans le livre des **Nombres 12v1** :

" Marie et Aaron parlèrent contre Moïse au sujet de la femme éthiopienne qu'il avait prise, car il avait pris une femme éthiopienne. "

Voyons comment, tout devient clair. Donc, le pays de Madian ; c'est l'Ethiopie.
Et donc, dans ce pays était un Sacrificateur du Dieu Très-Haut. C'est cet homme qui logea Moïse chez lui, et lui donna pour femme, sa fille nommée : « Séphora ». Et, Moïse eut deux fils avec Séphora ; dont **Guerschom** et **Éliézer**.

Voir **Exode 18v2-4** : *" Jéthro, beau-père de Moïse, prit Séphora, femme de Moïse, qui avait été renvoyée. Il prit aussi les deux fils de Séphora ; l'un se nommait Guerschom, car Moïse avait dit : J'habite un pays étranger ; l'autre se nommait Éliézer, car il avait dit : Le Dieu de mon père m'a secouru, et il m'a délivré de l'épée de Pharaon.* "

N.B : Réuel, le beau-père de Moïse ; c'est lui Jéthro.

Voir **Exode 2v16-21** : *" Le sacrificateur de Madian avait sept filles. Elles vinrent puiser de l'eau, et elles remplirent les auges pour abreuver le troupeau de leur père. Les bergers arrivèrent, et les chassèrent. Alors Moïse se leva, prit leur défense, et fit boire leur troupeau. Quand elles furent de retour auprès de Réuel, leur père, il dit : Pourquoi revenez-vous si tôt aujourd'hui ? Elles répondirent : Un Égyptien nous a délivrées de la main des bergers, et même il nous a puisé de l'eau, et a fait boire le troupeau. Et il dit à ses filles : Où est-il ? Pourquoi avez-vous laissé cet homme ? Appelez-le, pour qu'il prenne quelque nourriture. Moïse se décida à demeurer chez cet homme, qui lui donna pour femme Séphora, sa fille.* "

Et, voir **Exode 3v1** : *" Moïse faisait paître le troupeau de Jéthro, son beau-père, sacrificateur de Madian ; et il mena le troupeau derrière le désert, et vint à la montagne de Dieu, à Horeb.* "

Jéthro ou Réuel s'appelait encore « le Kenien », du nom certainement de sa tribu.

Voir **Juges 1v16** : *" Les fils du Kénien, beau-père de Moïse, montèrent de la ville des palmiers, avec les fils de Juda, dans le désert de Juda au midi d'Arad, et ils allèrent s'établir parmi le peuple.* "

Moïse avait aussi des beaux-frères, dont l'un nommé Hobab.

Voir **Nombres 10v29** : *" Moïse dit à Hobab, fils de Réuel (ou Jéthro, ou le Kénien), le Madianite, beau-père de Moïse : Nous partons pour le lieu dont l'Éternel a dit : Je vous le donnerai. Viens avec nous, et nous te ferons du bien, car l'Éternel a promis de faire du bien à Israël. "*

N.B : Il y a une erreur de la part du traducteur des textes de la Bible, dans le livre des Juges, au sujet de Hobab, le beau-frère de Moïse et du beau-père de Moïse.

Voir **Juges 4v11** : *" Héber, le Kénien, s'était séparé des Kéniens, <u>des fils de Hobab, beau-père de Moïse</u>, et il avait dressé sa tente jusqu'au chêne de Tsaannaïm, près de Kédesch. "*

Ainsi, Hobab fut fils du sacrificateur de Madian : Jéthro. Alors, le beau-père de Moïse s'appellait Réuel, Jéthro, le Kénien. Et, Hobab, son fils. Donc, Hobab était beau-frère de Moïse, et non beau-père !
Cette confusion étant reglée grâce au livre des Nombres 10v29 ; o, peut alors continuer sur la suite de la vie de Moïse à Madian. Le passage donné rapporte ce qui suit :

" Moïse dit à Hobab, fils de Réuel, le Madianite, beau-père de Moïse : Nous partons pour le lieu dont l'Éternel a dit : Je vous le donnerai. Viens avec nous, et nous te ferons du bien, car l'Éternel a promis de faire du bien à Israël. " (**Nombres 10v29**).

Le beau-père de Moïse était Sacrificateur dans le pays de Madian. Il servait l'Eternel. Et donc, c'est lui qui format **Moïse, en ce qui concerne le service sacré. Moïse fit quarante (40) ans dans sa formation, avant de retourner en Egypte, pour la délivrance du peuple**.

Voir **Exode 2v16** : *" <u>Le sacrificateur de Madian</u> avait sept filles. Elles vinrent puiser de l'eau, et elles remplirent les auges pour abreuver le troupeau de leur père. "*

Et encore voir **Exode 18v1** : *" Jéthro, sacrificateur de Madian, beau-père de Moïse, apprit tout ce que Dieu avait fait en faveur de Moïse et d'Israël, son peuple ; il apprit que l'Éternel avait fait sortir Israël d'Égypte. "*

Qui était Jéthro, beau-père de Moïse ?

Jéthro était un homme très respectable et très considéré, dans le pays de Madian. Ainsi, si l'on pouvait parler d'autres sacrificateurs, lui était le grand. En réalité, Jéthro devrait avoir à son service, des serviteurs en grand nombre.
Il est vrai que Jéthro avait pris chez lui Moïse, et lui donna sa fille Séphora pour femme ; ce n'était pas un hasard. Jéthro était un homme mature. Et, il servait l'Eternel. Ainsi, ce n'est que l'Eternel, qui devrait lui parler de Moïse. Car, sa façon d'insister à ses filles : « **Allez le chercher** !» prouve qu'il y avait quelque chose auquel Jéthro avait dû être révélé en ce qui concernerait cet homme (Moïse) ; bien que cela ne soit pas dit !

Voir **Exode 2v20-21** : *" Et il dit à ses filles : Où est-il ? <u>Pourquoi avez-vous laissé cet homme ? Appelez-le</u>, pour qu'il prenne quelque nourriture. Moïse se décida à demeurer chez cet homme, qui lui donna pour femme Séphora, sa fille. "*

L'Eternel avait paru à Moïse après qu'il fut bien formé, et devenu suffisamment mature en esprit. Car, c'est alors qu'il l'appellera dans le service sacré ; et l'enverra d'aller en Egypte, pour la délivrance des enfants d'Israël. Voir **Actes 7v30** :

" *Quarante ans plus tard, un ange lui apparut, au désert de la montagne de Sinaï, dans la flamme d'un buisson en feu.* "

LES DIFFERENTES FONCTIONS DE MOÏSE

L'Eternel avait établi Moïse pour son serviteur. Et, il lui confia pour mission :

- **Libérer le peuple : Moïse était libérateur**. C'est sa première mission.

Voir **Actes 7v35** : " *Ce Moïse, qu'ils avaient renié, en disant : Qui t'a établi chef et juge ? c'est lui que Dieu envoya comme chef et comme libérateur avec l'aide de l'ange qui lui était apparu dans le buisson.* "

- **Régner sur le peuple**. C'est-à-dire son « **roi** ». Moïse était le roi sur les enfants d'Israël. C'est la formation qu'il avait reçu en Egypte, au palais royal.

Voir **Deutéronome 33v4-5** : " *Moïse nous a donné la loi, héritage de l'assemblée de Jacob. Il était roi en Israël, quand s'assemblaient les chefs du peuple et les tribus d'Israël.* "

- **Il était prophète, ou intermédiaire entre Dieu et le peuple. Porte-parole de Dieu, chargé d'établir le sacerdoce**. Moïse parlait au peuple de la part de l'Eternel. Et, c'est lui qui institua le tabernacle, selon l'ordre de l'Eternel.

Voir **Actes 7v38** : " *C'est lui qui, lors de l'assemblée au désert, étant avec l'ange qui lui parlait sur la montagne de Sinaï et avec nos pères, reçut des oracles vivants, pour nous les donner.* "

Les oracles : Ce sont les dix commandements, et les règles (ou ordonnances) et les principes.

- Il était destiné lui et son frère Aaron, d'emmener le peuple à la terre promise (ou le pays où coulent le lait et le miel).

Voir **Nombres 20v12** : " *Alors l'Éternel dit à Moïse et à Aaron : Parce que vous n'avez pas cru en moi, pour me sanctifier aux yeux des enfants d'Israël, vous ne ferez point entrer cette assemblée dans le pays que je lui donne.* "

* Israël était sortie d'Egypte par un prophète

* Israël était gardée par un prophète.

Voir **Osée 12v14** : " *Par un prophète l'Éternel fit monter Israël hors d'Égypte, et par un prophète Israël fut gardé.* "

REMARQUES TRES IMPORTANTES 5

La mission que Moïse avait reçue avait réussi en partie. Ainsi, on pourrait retenir ce qui suit :

- Le peuple que Moïse et Aaron allaient faire entrer dans la terre promise n'était pas tous entré ; seulement deux y étaient parvenus : Josué et Caleb. Alors qu'ils furent sortis en hommes forts au nombre de six cent mille (600.000), hommes de pleine vigueur.

Voir **Exode 12v37** : *'' Les enfants d'Israël partirent de Ramsès pour Succoth au nombre d'environ six cent mille hommes de pied, sans les enfants. ''*

Ceux qui entrèrent :

Voir **Nombres 14v30-34** : *'' vous n'entrerez point dans le pays que j'avais juré de vous faire habiter, excepté Caleb, fils de Jephunné, et Josué, fils de Nun. Et vos petits-enfants, dont vous avez dit : Ils deviendront une proie ! je les y ferai entrer, et ils connaîtront le pays que vous avez dédaigné. Vos cadavres, à vous, tomberont dans le désert ; et vos enfants paîtront quarante années dans le désert, et porteront la peine de vos infidélités, jusqu'à ce que vos cadavres soient tous tombés dans le désert. De même que vous avez mis quarante jours à explorer le pays, vous porterez la peine de vos iniquités quarante années, une année pour chaque jour ; et vous saurez ce que c'est que d'être privé de ma présence. ''*

N.B : Ainsi, l'on peut dire de Moïse et même d'Aaron, qu'ils ont été des serviteurs de Dieu au temps de la foi. Et, ils vont entrer jusqu'au temps de la loi. Mais entre les deux ; c'est surtout Moïse ; car il fut formé aux pieds de Jéthro, entant que disciple et serviteur du sacrificateur.

A partit de la loi annoncée par Moïse, le service sacré devait alors changer de forme. Ainsi, le service qu'avait appris Moïse auprès de son beau-père Jéthro, ne sera plus le même. Et, la loi de Moïse étant charnelle ; il était nécessaire que, tout ce qui s'y faisait soit également charnel.

Voir **Hébreux 9v10** : *'' Et qui, avec les aliments, les boissons et les diverses ablutions, étaient des ordonnances charnelles imposées seulement jusqu'à une époque de réformation. ''*

Le ministère exercé par les croyants devait s'arrêter en vue de la manifestation en préparation de la vraie loi ; celle qui est la loi de l'Esprit. Celle qui se manifeste par la foi en Jésus-Christ.

Voir **Jacques 1v2** : *'' Mais celui qui aura plongé les regards dans la loi parfaite, la loi de la liberté, et qui aura persévéré, n'étant pas un auditeur oublieux, mais se mettant à l'œuvre, celui-là sera heureux dans son activité. ''*

La loi de Moïse n'emmène pas à la perfection, comme on pourrait le lire dans le livre des **Hébreux 7v19** :

'' Car la loi n'a rien amené à la perfection, et introduction d'une meilleure espérance, par laquelle nous nous approchons de Dieu. ''

La loi de Moïse ne servait que de surveillance. C'est la loi de Moïse qui est la source principale du Droit international, ainsi que celle de la majorité ou quasiment, de toutes les lois dans le monde, lesquelles régissent les sociétés.
Ainsi donc, pratiquement, cette loi a servi l'humanité toute entière. Ainsi, la loi de Moïse n'était véritablement qu'un pédagogue !

Voir **Galates 3v23-26** : *" Avant que la foi vînt, nous étions enfermés sous la garde de la loi, en vue de la foi qui devait être révélée. Ainsi la loi a été comme un pédagogue pour nous conduire à Christ, afin que nous fussions justifiés par la foi. La foi étant venue, nous ne sommes plus sous ce pédagogue. Car vous êtes tous fils de Dieu par la foi en Jésus-Christ. "*

N'étant plus sous la loi de Moïse, tel qu'il est écrit dans le l'épître aux **Romains 10v4** :

" Car Christ est la fin de la loi, pour la justification de tous ceux qui croient. "

Or, la foi rend les croyants fils et filles de Dieu. Tandis que, la loi, ne peut le faire !

Voir **Galates 3v26** : *" Car vous êtes tous fils de Dieu par la foi en Jésus-Christ. "*

Les choses étant ainsi, il y a lieu obligatoirement de changer de sacerdoce et des serviteurs du sacerdoce ancien.

Voir **Hébreux 7v12** : *" Car, le sacerdoce étant changé, nécessairement aussi il y a un changement de loi. "*

 N.B : Le sacerdoce sous la loi était réservé uniquement pour les Lévites. Mais l'arrivée du changement du sacerdoce et de loi entraînera l'entrée dans le nouveau sacerdoce, des gens qui n'ont rien à avoir avec la tribu de Lévi.

Voir **Hébreux 7v13-14** : *" En effet, celui de qui ces choses sont dites appartient à une autre tribu, dont aucun membre n'a fait le service de l'autel ; car il est notoire que notre Seigneur est sorti de Juda, tribu dont Moïse n'a rien dit pour ce qui concerne le sacerdoce. "*

En réalité ; on est seulement retourné à la foi des anciens. Adam, Noé, Abraham et les autres. La différence dans tout cela est que ; c'est le Seigneur qui est venu lui-même établir les nouvelles choses. C'est pourquoi, il ne pouvait pas sortir de la tribu de Lévi, mais d'une autre tribu.

Voir **Hébreux 10v8-9** : *" Après avoir dit d'abord : Tu n'as voulu et tu n'as agréé ni sacrifices ni offrandes, ni holocaustes ni sacrifices pour le péché (ce qu'on offre selon la loi), il dit ensuite : Voici, je viens pour faire ta volonté. Il abolit ainsi la première chose pour établir la seconde. "*

REMARQUES TRES IMPORTANTES 6

Le temps des nations est une période d'une grande durée, pendant laquelle la gloire de Dieu devra disparaître d'Israël. Car, le Messie étant venu chez elle, elle ne l'a point reçu. Ainsi, cette gloire quitte la nation juive, pour les gentils, ou les non-juifs. Car, eux, ont reçu le Christ, comme leur Seigneur et sauveur.

Voir **Luc 21v24** : *" Ils tomberont sous le tranchant de l'épée, ils seront emmenés captifs parmi toutes les nations, et Jérusalem sera foulée aux pieds par les nations, jusqu'à ce que les temps des nations soient accomplis. "*

Il était chez les Juifs ; ceux-ci ne l'ont point reçu.

Voir **Jean 1v11** : *" Elle est venue chez les siens, et les siens ne l'ont point reçue. "*

L'Eternel s'est séparé d'Israël au lieu où celle-ci avait rejeté son sauveur. Alors, elle se trouve dans la perdition. Ainsi, malgré tout ce qui se passe parmi les nations, Israël ne tient compte de rien.

Cela n'est pas à cause d'elle-même ; mais c'est Dieu qui l'avait voulu ainsi. C'était un profit aux peuples non-juifs, d'entrer dans le royaume de Dieu, afin que s'accomplit cette prophétie des Ecritures qui dit :

Voir **Zacharie 2v11** : " *Beaucoup de nations s'attacheront à l'Éternel en ce jour-là, Et deviendront mon peuple ; j'habiterai au milieu de toi, et tu sauras que l'Éternel des armées m'a envoyé vers toi.* "

Cette prophétie annonçait déjà l'existence avenir de l'Eglise. Alors, il faudrait se poser la question de savoir :

Qu'est-ce que l'Eglise ?

L'Eglise en elle-même ; c'est un mot qui incarne plusieurs significations ; dont :

- L'Eglise ; c'est **le corps du Christ**.

Voir **Jean 2v19-21,22** : " *Jésus leur répondit : Détruisez ce temple, et en trois jours je le relèverai. Les Juifs dirent : Il a fallu quarante-six ans pour bâtir ce temple, et toi, en trois jours tu le relèveras ! Mais il parlait du temple de son corps. C'est pourquoi, lorsqu'il fut ressuscité des morts, ses disciples se souvinrent qu'il avait dit cela, et ils crurent à l'Écriture et à la parole que Jésus avait dite.* "

Et aussi :

Colossiens 1v24 : " *Je me réjouis maintenant dans mes souffrances pour vous ; et ce qui manque aux souffrances de Christ, je l'achève en ma chair, pour son corps, qui est l'Église.* "

- L'Eglise ; c'est **l'Epouse de Christ**.

Voir **Apocalypse 21v9** : " *Puis un des sept anges qui tenaient les sept coupes remplies des sept derniers fléaux vint, et il m'adressa la parole, en disant : Viens, je te montrerai l'épouse, la femme de l'agneau.* "

Or, l'**agneau** c'est le **Christ**.

Voir **Jean 1v29** : " *Le lendemain, il vit Jésus venant à lui, et il dit : Voici l'Agneau de Dieu, qui ôte le péché du monde.* "

Et, la femme ou l'épouse veut dire : **Le peuple de Dieu**.

Voir **Tite 2v14** : " *qui s'est donné lui-même pour nous, afin de nous racheter de toute iniquité, et de se faire un peuple qui lui appartienne, purifié par lui et zélé pour les bonnes œuvres.* "

- L'Eglise ; c'est **une race, un royaume, une nation, un peuple**.

Voir **1 Pierre 2v9** : " *Vous, au contraire, vous êtes une race élue, un sacerdoce royal, une nation sainte, un peuple acquis, afin que vous annonciez les vertus de celui qui vous a appelés des ténèbres à son admirable lumière.* "

D'où vient l'Eglise ?

L'Eglise ; c'est une partie de Christ. Cela est démontrée par le fait que, le passage de **1 Corinthiens 15v45**, montre que le Christ est un autre type d'**Adam**.

" C'est pourquoi il est écrit : <u>Le premier homme, Adam, devint une âme vivante. Le dernier Adam est devenu un esprit vivifiant.</u> " (1 Corinthiens 15v45).

Ainsi, l'on pourra parler du premier Adam ou le premier homme dans la chair ; et du second Adam, le premier homme en esprit.

Voir **1 Corinthiens 15v46-49** : *" Mais ce qui est spirituel n'est pas le premier, c'est ce qui est animal ; ce qui est spirituel vient ensuite. <u>Le premier homme, tiré de la terre, est terrestre ; le second homme est du ciel.</u> Tel est le terrestre, tels sont aussi les terrestres ; et tel est le céleste, tels sont aussi les célestes. Et de même que nous avons porté l'image du terrestre, nous porterons aussi l'image du céleste. "*

N.B : Tous les deux sont des Adam !
Seulement, l'un ; c'est le père des êtres humains dans la chair, ; et l'autre est le père des êtres humains en esprit. Donc, des croyants.
Alors, cela devient beaucoup plus importante, lorsqu'on sait bien qu'Adam de la chair avait aussi sa femme : **Ève**. Il faudrait se poser donc cette question-ci :

D'où venait la femme du premier Adam ?

Le premier Adam avec sa femme, les deux formaient un seul corps. Et, l'Eternel était obligé de les séparer en un mâle, et en une femelle.

Voir **Genèse 2v21-22** : *" Alors l'Éternel Dieu fit tomber un profond sommeil sur l'homme, qui s'endormit ; il prit une de ses côtes, et referma la chair à sa place. <u>L'Éternel Dieu forma une femme de la côte qu'il avait prise de l'homme</u>, et il l'amena vers l'homme. "*

*** L'Eternel Dieu fit tombé un profond sommeil sur l'homme.**

Le sommeil pour Dieu ; c'est la mort selon les humains. Donc, Dieu avait donné la mort au premier homme. Puis, ensuite, il retirera l'autre être, de son côté, pour former un être femelle. Et, laissa l'être mâle dans le corps jadis commun.

Ainsi, en ce qui concerne le sommeil de la mort ; on peut lire dans les passages bibliques suivants :

. **1 Thessaloniciens 4v13** : *" Nous ne voulons pas, frères, que vous soyez dans l'ignorance <u>au sujet de ceux qui dorment</u>, afin que vous ne vous affligiez pas comme les autres qui n'ont point d'espérance. "*

Et encore :

Voir **Matthieu 9v18,24** : *" Tandis qu'il leur adressait ces paroles, voici, un chef arriva, se prosterna devant lui, et dit : <u>Ma fille est morte il y a un instant</u> ; mais viens, impose-lui les mains, et elle vivra. Il leur dit : Retirez-vous ; car <u>la jeune fille n'est pas morte, mais elle dort.</u> Et ils se moquaient de lui. "*

Et aussi :

Voir **Jean 11v11-14** : *" Après ces paroles, il leur dit : <u>Lazare, notre ami, dort</u> ; mais je vais le réveiller. Les disciples lui dirent : Seigneur, s'il dort, il sera guéri. Jésus avait parlé de sa mort, mais ils crurent qu'il parlait de l'assoupissement du sommeil. Alors <u>Jésus leur dit ouvertement : Lazare est mort</u>. "*

Ainsi, pour sortir la femme, Dieu était obligé de donner la mort au corps commun. Ainsi, la femme du second Adam doit également sortir de la même façon. C'est-à-dire, de la côte ou du côté du second Adam. C'est-à-dire encore, dans le même corps commun. Et, il faudrait que Dieu fasse aussi dormir (donner la mort) au deuxième Adam, pour extraire de lui, sa femme. Ainsi, laissa le second Adam seul dans le corps commun. Et, la femme dans un autre corps. Textuellement, comme il en était le cas pour le premier Adam.

LA SORTIE DE LA FEMME DU SECOND ADAM

Le second Adam, comme nous l'avons vu précédemment ; c'est le Christ. Alors, s'il est réellement le second Adam, ou le dernier Adam ; sa femme devra sortir de son côté. Ainsi, on peut donc voir dans **Jean 19v32-34** :

" Les soldats vinrent donc, et ils rompirent les jambes au premier, puis à l'autre qui avait été crucifié avec lui. <u>S'étant approchés de Jésus, et le voyant déjà mort, ils ne lui rompirent pas les jambes ; mais un des soldats lui perça le côté avec une lance, et aussitôt il sortit du sang et de l'eau</u>. "

Ainsi, c'est de cette eau et de ce sang qu'est née l'Eglise, ou la nation ou encore, la femme de l'agneau (ou le Christ).

Voir **Ephésiens 5v23-27** : *" Car le mari est le chef de la femme, comme Christ est le chef de l'Église, qui est son corps, et dont il est le Sauveur. Or, de même que l'Église est soumise à Christ, les femmes aussi doivent l'être à leurs maris en toutes choses. Maris, aimez vos femmes, comme Christ a aimé l'Église, et <u>s'est livré lui-même pour elle, afin de la sanctifier par la parole, après l'avoir purifiée par le baptême d'eau</u>, afin de faire paraître devant lui cette Église glorieuse, sans tache, ni ride, ni rien de semblable, mais sainte et irréprochensible. "*

Il est aussi écrit ; qu'il y a trois choses qui rendent témoignage de cela. Il s'agit : de l'eau, du sang. Tel qu'il est écrit dans l'épître de **1 Jean 5v6,8** :

" C'est lui, Jésus-Christ, qui est venu avec de <u>l'eau</u> et du <u>sang</u> ; non avec l'eau seulement, mais avec l'eau et avec le sang ; et c'est l'Esprit qui rend témoignage, parce que l'Esprit est la vérité. <u>L'Esprit, l'eau et le sang, et les trois sont d'accord</u>. "

REMARQUES TRES IMPORTNTES 7

Le peuple de Dieu ou l'Eglise est sur la terre de façon invisible, enfuit parmi les fils et les filles des hommes. Il y a trois choses qui en rendent témoignage, ou, qui permettent l'identification de l'Eglise. Il s'agit du **Saint-Esprit**, de l'eau ou **la parole de Dieu**, ou encore **la doctrine de Christ** ; et enfin, **le prix du rachat, qui est le sang de Christ**.

La femme existe, mais dans la dispersion et perdition. C'est pourquoi, disait Jésus : Voir **Matthieu 15v24** : " *Il répondit : Je n'ai été envoyé qu'aux brebis perdues de la maison d'Israël.* "

Et, lorsqu'il format des hommes qu'il nomma disciples, puis après : apôtres ; il leur dira les mêmes choses.

Voir **Matthieu 10v6** : " *Allez plutôt vers les brebis perdues de la maison d'Israël.* "

Alors, pourquoi « **brebis perdues** ? » Et pourquoi seulement de « **la maison d'Israël** ? »

La brebis ; c'est la femelle adulte du bélier, en réalité. Mais dans le sens figuré ; c'est les membres du troupeau des fidèles. Et, une brebis perdue ; c'est cette personne-là, qui est écartée du chemin de la foi, ou qui est loin de la connaissance de la doctrine du Christ.

La maison ; en dehors du fait d'être une construction ; on peut encore assimiler une maison à un ensemble de personne, appartenant à une famille, qui aurait un caractère propre à eux, etc. Comme, on peut le lire dans les **Actes 4v32** :

" *La multitude de ceux qui avaient cru n'était qu'un cœur et qu'une âme. Nul ne disait que ses biens lui appartinssent en propre, mais tout était commun entre eux.* "

Ainsi, concernant de l'appellation Israël ; il est vrai que d'après le passage du livre du prophète Osée ; il s'agirait de Jésus Christ.

Voir **Osée 11v1** : " *Quand Israël était jeune (ou enfant), je l'aimais, et j'appelai mon fils hors d'Égypte.* "

Ce passage d'Osée, trouve son accomplissement en la naissance du Seigneur Jésus-Christ. Tel, il est confirmé dans le livre de **Matthieu 2v13-15** :

" *Lorsqu'ils furent partis, voici, un ange du Seigneur apparut en songe à Joseph, et dit : Lève-toi, prends le petit enfant et sa mère, fuis en Égypte, et restes-y jusqu'à ce que je te parle ; car Hérode cherchera le petit enfant pour le faire périr. Joseph se leva, prit de nuit le petit enfant et sa mère, et se retira en Égypte. Il y resta jusqu'à la mort d'Hérode, afin que s'accomplît ce que le Seigneur avait annoncé par le prophète : J'ai appelé mon fils hors d'Égypte.* "

Ainsi, les brebis perdues de la maison d'Israël, ce sont les membres du peuple de Dieu, lesquels devront entendre la voix du Christ au travers de leurs semblables, laquelle, ils devront suivre pour être sauvés, et constitué le peuple du royaume de Dieu.
Ce peuple est dispersé sur toute la terre, il faudrait donc les rassembler, pas dans un seul et même endroit ; mais par une uniformité de connaissance. Et cette connaissance se porte sur : **La Bonne Nouvelle du Royaume des cieux**, ou l'**Evangile**.
Il y a des gens qui sont mandatés à le faire. Ce sont les **Ministres de Dieu** ou **Ministres de la parole**. Et, pour bien le faire ; ils ont un modèle déjà présenté dans le livre des **Ephésiens 5v23,26,27** :

" *Car le mari est le chef de la femme, comme Christ est le chef de l'Église (la femme), qui est son corps, et dont il est le Sauveur. Afin de la sanctifier par la parole, après l'avoir purifiée par le baptême d'eau, afin de faire paraître devant lui cette Église glorieuse, sans tache, ni ride (toujours jeune), ni rien de semblable, mais sainte et irrépréhensible. "*

1 – L'Eglise du Seigneur se forme par la parole du Seigneur ; ou encore l'Eglise du Seigneur naît par la parole de Dieu. Tel, il est écrit :

Voir **Jean 1v1,12** : *" Au commencement était la Parole, et la Parole était avec Dieu, et la Parole était Dieu. Mais à tous ceux qui l'ont reçue, à ceux qui croient en son nom, elle a donné le pouvoir de devenir enfants de Dieu, lesquels sont nés. "*

Et, c'est cette parole du Seigneur Jésus-Christ qui les sanctifie.

Voir **Jean 15v3** : *" Déjà vous êtes purs, à cause de la parole que je vous ai annoncée. "*

2 – L'Eglise du Seigneur passe par le baptême d'eau. Car, le baptême d'eau est le symbole qui prouve qu'on a signé un pacte avec le Seigneur. La personne a donné sa vie à lui, et a pris une ferme résolution de suivre le Seigneur.

Voir **1 Pierre 3v21** : *" Cette eau était une figure du baptême, qui n'est pas la purification des souillures du corps, mais l'engagement d'une bonne conscience envers Dieu, et qui maintenant vous sauve, vous aussi, par la résurrection de Jésus-Christ. "*

3 – L'Eglise du Seigneur est glorieuse. C'est-à-dire que l'Eglise du Seigneur dégage de la gloire.

Qu'est-ce que la gloire ?

La gloire ; c'est la renommée éclatante ; la splendeur ; l'honneur.
L'Eglise du Seigneur doit se distinguer parmi les autres communautés qui sont dans le monde. La manifestation de la présence de Dieu est comme on pourrait ainsi le dire : Quelque chose de palpable.
Elle est respectable et digne d'honneur. On ne retrouve pas en son sein, les marques du camp adverse. C'est-à-dire ; les œuvres des ténèbres. Elle les condamne. Ce qui est vu ; ce sont les œuvres de lumière ou de justice.

Voir **Ephésiens 5v11** : *" et ne prenez point part aux œuvres infructueuses des ténèbres, mais plutôt condamnez-les. "*

N.B : L'Eglise du Seigneur ne se conduit point dans les associations contradictoires. C'est-à-dire : Les fétiches, la magie, la sorcellerie ; bref, l'occultisme dans toutes ses formes, ne peut figurer au sein de l'Eglise. Car, l'Eglise condamnent toutes les œuvres occultes. Ainsi, il est écrit :

Voir **2 Corinthiens 6v15-16** : *" Quel accord y a-t-il entre Christ et Bélial ? ou quelle part a le fidèle avec l'infidèle ? Quel rapport y a-t-il entre le temple de Dieu et les idoles ? Car nous sommes le temple du Dieu vivant, comme Dieu l'a dit : J'habiterai et je marcherai au milieu d'eux ; je serai leur Dieu, et ils seront mon peuple. "*

4 – L'Eglise ou la femme du Seigneur est sans tache.
Or, la **tache** ; c'est une marque salissante. Ainsi, l'Eglise du Seigneur n'est pas sale. C'est-à-

dire impure. Mais au contraire, elle est pure, saine et sainte.

L'Eglise est sur la terre, dans le monde. Mais, il n'y a en elle, rien de ce qui est du monde.

Voir **Jean 15v19** : *" Si vous étiez du monde, le monde aimerait ce qui est à lui ; mais parce que <u>vous n'êtes pas du monde</u>, et que <u>je vous ai choisis du milieu du monde</u>, à cause de cela le monde vous hait. "*

Alors, il est important à ce point, de se poser la question :

Qu'est-ce que le monde ?

La réponse : Le monde ; c'est l'ensemble des trois choses suivantes :

- La convoitise de la chair

– La convoitise des yeux

– L'orgueil de la vie.

Voir **1 Jean 2v16** : *" car tout ce qui est dans le monde, <u>la convoitise de la chair, la convoitise des yeux, et l'orgueil de la vie</u>, ne vient point du Père, mais vient du monde. "*

Ainsi, l'Eglise ou la femme du Seigneur ne vit point dans la convoitise de la chair, la convoitise des yeux, ou encore dans l'orgueil de la vie.

N.B : Voilà donc, ces trois choses qui peuvent tacher la femme de Christ ; l'Eglise !

5 – L'Eglise du Seigneur n'a point de rides. Alors, il faudrait se poser cette question :

Qu'est-ce que les rides ?

Réponse : les rides sont des marques ou signes qui se présentent sur la peau, suite à l'âge. Les rides expriment en quelques sortes, les signes qui indiquent un âge mûr, ou en un mot ; la « **vieillesse** ».

Donc, l'Eglise ou la femme de Christ n'est pas vieille. Elle est encore, ou toujours jeune. Elle a encore toute sa beauté de la jeunesse, tout son éclat.

C'est pour dire ; que cette femme est encore vierge. Elle n'a point connu un autre homme. C'est-à-dire ; cette communauté n'a jamais appartenu à quelqu'un d'autre, en dehors de Christ. Telles que, les communautés qui sont nombreuses dans le monde, lesquelles appartiennent à des tribus, des races, à des hommes, et à des Etats, etc.

6 – L'Eglise du Seigneur ne correspond à rien d'autre qui soient semblables à des points remarquables qui viennent d'être cités. Elle a un caractère tout à fait particulier, et spécial.

7 – L'Eglise du Seigneur est Sainte. Or, Saint veut dire : **Ce qui est souverainement pur, parfait ; qui est conforme à la loi de Dieu, consacré, sanctifié. Ce mot sert à désigner tous les rachetés qui marchent fidèlement dans la vérité.**

8 – L'Eglise du Seigneur est irrépréhensible. C'est-à-dire exempte de blâmes, de reproches. Tel, il est écrit dans l'épître de **1 Thessaloniciens 5v23** :

" Que le Dieu de paix vous sanctifie lui-même tout entiers, et que <u>tout votre être, l'esprit, l'âme et le corps, soit conservé irrépréhensible</u>, lors de l'avènement de notre Seigneur Jésus-Christ ! "

Voilà comment doit être l'Eglise du Seigneur ; qui est la femme de Christ !

Ainsi, si une structure dit de l'esprit n'est pas ainsi, donc, elle n'est pas l'Eglise ; même si, elle se réclame être l'Eglise. Car, l'Eglise ne peut t'être dissimulée dans la confusion, suite à l'existence d'un grand nombre de communautés, se disant être de Christ.

REMARQUES TRES IMPORTANTES 8

L'Eglise du Seigneur est sur la terre, dans ce monde. Elle est en train d'être formée ; c'est-à-dire qu'elle est en préparation. Ainsi, l'on peut se poser cette question-ci :

Qui est celui qui est en train de former l'Epouse ?

Qui est celui qui est en train de préparer la femme de Christ ?

La réponse : **Ce sont des amis de l'Epoux.**

Alors : Qu'est-ce qu'un ami ?

La réponse : L'ami ; c'est une personne avec qui, on est lié par une affection réciproque.

Ainsi donc, les amis de l'Epoux ; ce sont des personnes : Hommes et femmes, lesquels partagent avec le Christ, une affection réciproque. C'est-à-dire que Christ les aime, et, eux aussi l'aiment.

Alors : **Comment devenir ami de Christ ?**

Pour devenir ami de Christ ; c'est-à-dire d'autre part ami de Dieu ; il y a tout un parcourt à respecter. Car, ami est le dernier stade des relations entre l'homme et Dieu. Et, nombreux n'y parviennent pas.

Pour mieux comprendre ce parcourt ; il serait important de commencer par Jean Baptiste, puis les apôtres, les douze, du Seigneur Jésus, et terminer par Abraham, le prophète de l'Eternel.

N.B : A bien voir ; les amis de Dieu ; ce sont eux qu'on appelle : **Serviteurs de Dieu, Ministres de Dieu**, ou encore **Ministres de la parole**. Mais du fait de leur rapport qui devient beaucoup plus perfectionné, ils peuvent comprendre, en réalité, tout de ce qui concerne leur ami, dans leur marche.

MINISTRE DE DIEU OU SERVITEUR DE DIEU

On naît Ministre ou Serviteur de Dieu. Seulement, on ne le devient pas ; même si nombreux le sont devenus dans ce monde.
Ainsi, on est Ministre ou Serviteur de Dieu par prédestination.

- Tel qu'on peut voir le cas du Prophète de Dieu : « **Jérémie** ».

Voir **Jérémie 1v5** : *" Avant que je t'eusse formé dans le ventre de ta mère, je te connaissais, et avant que tu fusses sorti de son sein, je t'avais consacré, je t'avais établi prophète des nations. "*

N.B : Jérémie était dans le plan de Dieu, un Ministre de Dieu. Et, les déclarations faites à son sujet, montrent toutes, que le ministre de la parole ; c'est un humain qui naît comme tel. C'est-à-dire ; que sa mission dans le monde, ou parmi les humains, est déjà connue, et précisée d'avance. Et, cela, grâce à son ministère.

- Tel qu'aussi, le cas de l'apôtre Paul.
Voir **Galates 1v15-16** : *" Mais, lorsqu'il plut à celui qui m'avait mis à part dès le sein de ma mère, et qui m'a appelé par sa grâce, de révéler en moi son Fils, afin que je l'annonçasse parmi les païens, aussitôt, je ne consultai ni la chair ni le sang. "*

 N.B : L'apôtre Paul, révèle qu'il avait été mis à part depuis le ventre de sa mère. Or, mettre à part veut dire : « **Consacré** ». Et, dans toute la vie de Paul, il n'a point fait autre chose, si ce n'est de servir Dieu !

- Tel qu'enfin, le cas de Jean Baptiste.

Voir **Luc 1v13-17** : *" Mais l'ange lui dit : Ne crains point, Zacharie ; car ta prière a été exaucée. Ta femme Élisabeth t'enfantera un fils, et tu lui donneras le nom de Jean. Il sera pour toi un sujet de joie et d'allégresse, et plusieurs se réjouiront de sa naissance. Car il sera grand devant le Seigneur. Il ne boira ni vin, ni liqueur enivrante, et il sera rempli de l'Esprit-Saint dès le sein de sa mère ; il ramènera plusieurs des fils d'Israël au Seigneur, leur Dieu ; il marchera devant Dieu avec l'esprit et la puissance d'Élie, pour ramener les cœurs des pères vers les enfants, et les rebelles à la sagesse des justes, afin de préparer au Seigneur un peuple bien disposé. "*

N.B : Toutes les détails su indiquées, montrent que, Jean Baptiste était mis à part, dès le ventre de sa mère ; et il était un prophète à l'image d'Elie le Tishbite, et, il était consacré pour la mission de ramener les cœurs des enfants d'Israël au Seigneur leur Dieu. Seulement, les enfants d'Israël en question ; il s'agit du peuple de Dieu, qui est l'Eglise.

QUI SONT LES MINISTRES OU SERVITEURS DE DIEU ?

 Pour mieux les présenter ; il faudrait les séparer ainsi : C'est-à-dire : ceux de l'Ancienne Alliance d'une part, et ceux de la Nouvelle Alliance d'autre part.

- **Ceux de l'Ancienne Alliance** ; ce sont des hommes et des femmes qui étaient animés par l'Esprit du Christ qui était en eux. Ils étaient chargés d'annoncer la venue de Christ, sa souffrance ainsi que la gloire qui l'accompagnera.

Voir **1 Pierre 1v10-11** : *" Les prophètes, qui ont prophétisé touchant la grâce qui vous était réservée, ont fait de ce salut l'objet de leurs recherches et de leurs investigations, voulant sonder l'époque et les circonstances marquées par l'Esprit de Christ qui était en eux, et qui attestait d'avance les souffrances de Christ et la gloire dont elles seraient suivies. "*

- **Ceux de la Nouvelle Alliance** ; ce sont des gens qui ont été prédestinés à être comme Christ. Et leur mission est celle d'accomplir ce qui avait été annoncé par les prophètes de l'Ancienne Alliance. Ainsi, ils sont appelés à manifester la gloire de Christ, dans leur mission, par le moyen du Saint-Esprit qui leur est accordé. Ainsi, on peut lire :

Voir **Romains 8v29-30** : " *Car ceux qu'il a connus d'avance, il les a aussi prédestinés à être semblables à l'image de son Fils, afin que son Fils fût le premier-né entre plusieurs frères. Et ceux qu'il a prédestinés, il les a aussi appelés ; et ceux qu'il a appelés, il les a aussi justifiés ; et ceux qu'il a justifiés, il les a aussi glorifiés.* "

N.B : Mais en tout état de cause ; tant que Dieu n'envoie pas des serviteurs ; et si seulement si, les gens qui sont devenus serviteurs, le sont devenus par eux-mêmes ; et qu'ils sont en train d'exercer ces responsabilités au milieu des hommes ; cela voudrait dire : Que, ce n'est pas le Seigneur qui est en train de travailler, ou en train de parler dans le milieu ; c'est la chair ou d'autres esprits qui travaillent, ou qui parlent. Car, il est écrit :

Voir **Matthieu 7v22-23** : " *Plusieurs me diront en ce jour-là : Seigneur, Seigneur, n'avons-nous pas prophétisé par ton nom ? n'avons-nous pas chassé des démons par ton nom ? et n'avons-nous pas fait beaucoup de miracles par ton nom ? Alors je leur dirai ouvertement : Je ne vous ai jamais connus, retirez-vous de moi, vous qui commettez l'iniquité.* "

Et encore :

Voir **Romains 10v14-15** : " *Comment donc invoqueront-ils celui en qui ils n'ont pas cru ? Et comment croiront-ils en celui dont ils n'ont pas entendu parler ? Et comment en entendront-ils parler, s'il n'y a personne qui prêche ? Et comment y aura-t-il des prédicateurs, s'ils ne sont pas envoyés ? selon qu'il est écrit : Qu'ils sont beaux les pieds de ceux qui annoncent la paix, de ceux qui annoncent de bonnes nouvelles !* "

N.B : Tous les Ministres ou Serviteurs et Servantes de Dieu sont envoyés par lui-même. Et, ceux-ci parleront des choses qu'ils auront entendu du Seigneur. Et, le Seigneur accompagnait leurs messages par des signes et des prodiges. Tel qu'il est écrit dans **Actes 14v3** :

" *Ils restèrent cependant assez longtemps à Icone, parlant avec assurance, appuyés sur le Seigneur, qui rendait témoignage à la parole de sa grâce et permettait qu'il se fît par leurs mains des prodiges et des miracles.* "

Et, ce qu'il faudrait retenir ; est que, les Ministres de Dieu ne sont envoyés que, lorsque le besoin se fait sentir quelques parts. Ainsi, cela prouve encore bien ; qu'ils sont envoyés de Dieu ; c'est ce passage ici qui clarifie cela : **Matthieu 9v37,38** :

" *Alors il dit à ses disciples : La moisson est grande, mais il y a peu d'ouvriers. Priez donc le maître de la moisson d'envoyer des ouvriers dans sa moisson.* "

Alors, ils doivent être envoyés ; et non se faire eux-mêmes des Ministres ou Serviteurs, Servantes de Dieu, à leurs propres manières. Car, lorsqu'il n'y a pas de besoin ; à quoi donc servira leur présence sur un terrain ?

N.B : Nombreux de gens ne savent pas que, tant qu'il n'y a pas de besoin ; Dieu n'envoie pas de serviteur. Alors, c'est alors que Satan le diable envoie les siens sur le terrain, pour semer de la confusion.

RETRASSAGE DU PARCOURT POUR LE MINISTERE

Pour mieux connaître le parcourt qui conduit au Ministère, ou au service de Dieu ; il faudrait tout exposer de manière bien suivit, afin que l'Eglise, ou que les gens qui ne connaissent pas ces choses, aient de la facilité de pouvoir découvrir les vérités qui pourront les aider à se retenir devant ces mauvais gens. C'est pourquoi, on devrait retenir :

1 – On est serviteur depuis toujours. C'est-à-dire ; ce sont au départ des esprits qui sont auprès de Dieu, puis Dieu les envoie dans le monde, parmi les humains, pour exercer une certaine mission du royaume des cieux. Voilà pourquoi l'expression : **Connaître d'avance**.

2 – Un besoin ou des besoins doivent se faire sentir dans le monde, au sujet du salut. Le besoin peut être dû à l'instruction, au redressement ou correction, etc.
Voilà pourquoi l'expression : Priez le maître de la moisson (Dieu) d'envoyer les ouvriers dans la moisson.

3 – L'ouvrier ou le Ministre ou encore le Serviteur de Dieu viendra dans le monde par la voie d'une naissance biologique. C'est-à-dire ; d'un père et d'une mère, comme viennent tous les humains. C'est pourquoi, l'expression : **La prédestination**.

4 – L'enfant devra grandir avec une éducation, une culture quelconque, etc. Ensuite, au temps convenable ; il sera « **appelé par Dieu** », au travers de l'Evangile, parfois d'abord, suite à une occasion donnée ; l'appel se manifeste, par l'intervention de l'Evangile. Ainsi, il y a deux sortes d'appels :

- **L'appel dans la famille de Dieu** : Cet appel donne accès pour devenir enfant de Dieu. D'où l'expression : **naître de nouveau ou la nouvelle naissance**.

Voir **Jean 3v3-6** : *'' Jésus lui répondit : <u>En vérité, en vérité, je te le dis, si un homme ne naît de nouveau</u>, il ne peut voir le royaume de Dieu. Nicodème lui dit : Comment un homme peut-il naître quand il est vieux ? Peut-il rentrer dans le sein de sa mère et naître ? Jésus répondit : En vérité, en vérité, je te le dis, <u>si un homme ne naît d'eau et d'Esprit, il ne peut entrer dans le royaume de Dieu</u>. <u>Ce qui est né de la chair est chair</u>, et <u>ce qui est né de l'Esprit est esprit</u>. ''*

N.B : En parlant de naître d'eau et d'esprit ; cela veut dire : passer dans les eaux de baptême, après avoir cru à la Bonne Nouvelle, et s'être repenti. Tel qu'on peut lire dans **Marc 15v15-16** :

'' Puis il leur dit : Allez par tout le monde, et <u>prêchez la bonne nouvelle à toute la création.</u> <u>Celui qui croira et qui sera baptisé sera sauvé</u>, mais celui qui ne croira pas sera condamné. ''

N.B : Donc, croire d'abord au message du royaume de Dieu, puis recevoir le baptême. Alors, la procédure pourra s'ensuivre, jusqu'à la conversion totale, en suivant continuellement des enseignements. C'est donc le premier appel.

- **L'appel dans le Ministère ou dans le service sacré** : Cet appel est un moyen que Dieu emploie pour permettre l'entrée dans le Ministère ou dans le service sacré. D'où l'expression : **La Vocation.**

Dans le cas par exemple de l'apôtre Paul, sur le chemin d'Emmaüs. Tel qu'on peut lire dans le livre des **Actes 9v15-16** :

'' Mais le Seigneur lui dit : Va, car <u>cet homme est un instrument que j'ai choisi, pour porter mon nom devant les nations, devant les rois, et devant les fils d'Israël</u> ; et je lui montrerai tout ce qu'il doit souffrir pour mon nom. ''

N.B : L'apôtre ne s'attendait pas, lors de son voyage, qu'il devait rencontrer ce qu'il avait vécu, sur le chemin d'Emmaüs. Il partait pour autres choses, le Seigneur, modifia son parcourt, pour son service. Voilà le second appel !

5 – Dieu prouve aux yeux et au su de tout le monde ; que, celui-ci est mon Serviteur. D'où l'expression : **La Justification.**
Dieu prouve sa présence dans la vie de la personne, grâce à un comportement identique à celui du Christ. Comme, il est écrit dans le livre des **Romains 8v29** :

'' Car <u>ceux qu'il a connus d'avance, il les a aussi prédestinés à être semblables à l'image de son Fils (le Christ)</u>, afin que son Fils fût le premier-né entre plusieurs frères. ''

Comme dit l'apôtre Paul dans l'épître aux **Galates 2v20** :

'' J'ai été crucifié avec Christ ; et <u>si je vis, ce n'est plus moi qui vis, c'est Christ qui vit en moi</u> ; si je vis maintenant dans la chair, je vis dans la foi au Fils de Dieu, qui m'a aimé et qui s'est livré lui-même pour moi. ''

6 – Dieu élève la personne à un rang honorable au milieu de la société, ou de ses semblables. Il est craint et respecté ; écouté et servi. D'où l'expression : **La Gloire.**

N.B : Hérode craignait Jean Baptiste. Voir **Mattieu 14v5** : *'' <u>Il voulait le faire mourir, mais il (Hérode) craignait la foule</u>, parce qu'elle regardait Jean comme un prophète. ''*

REMARQUES TRES IMPORTANTES 9

A ce stade ; on n'est pas encore ami avec le Seigneur. Car, il y a la fidélité qui est exigée. Et, cette fidélité est liée à la connaissance de la parole de Dieu et de la mission qu'on a reçu du Seigneur, afin d'accomplir sa volonté.

EXEMPLES SUR LES APÔTRES DU SEIGNEUR

Au départ, on ne pouvait pas parler ni des disciples ni des apôtres. Ils furent des gens ordinaires comme tout le monde. Puis, ils **devinrent des disciples. Ensuite des apôtres.** Et **enfin, des Amis.**

Comment les choses se passent-elles ?

- **Des personnes ordinaires aux disciples** : Lorsque, le Seigneur avait commencé avec son ministère terrestre ; il devait avoir des gens, lesquels devaient rester avec lui, et lesquels devaient apprendre l'exercice du service sacré. Mais, il faudrait les prendre du néant.

Voir **Luc 10v1** : *'' Après cela, <u>le Seigneur désigna encore soixante-dix autres disciples,</u> et il les envoya deux à deux devant lui dans toutes les villes et dans tous les lieux où lui-même devait aller. ''*

N.B : Des gens ordinaires ; c'est-à-dire, des gens qui ne connaissaient rien en matière de service du sacerdoce. Il les prit, puis leur donna le premier niveau de formation ; pour qu'ils deviennent disciples. Ceci montre bien, qu'on ne saute point, ou on ne devient pas serviteur sans avoir reçu, une formation quelconque. Ainsi, être un enfant de Dieu, c'est être un disciple.

- **Des disciples aux apôtres** : Ayant totalisé un nombre assez important de disciples ; il les rassembla tous, et, il désigna parmi tous les disciples, douze auxquels, il appellera du nom « d'apôtres ». C'est-à-dire, les douze premiers.

Voir **Luc 6v13** : *'' Quand le jour parut, <u>il appela ses disciples, et il en choisit douze, auxquels il donna le nom d'apôtres.</u> ''*

N.B : Les gens qui étaient nommés par le Seigneur : Comme disciples, devaient ensuite augmenter de niveau, pour devenir des apôtres. C'est-à-dire ; ils avaient encore reçu un autre niveau de connaissance, lesquelles firent d'eux apôtres. Par exemples, lorsque le Seigneur enseignait les gens en foule ; après, il devait encore se retrouver avec les apôtres, pour leur donner le réel enseignement. Ou, leur clarifier les enseignements qu'il avait donné aux autres en paraboles.

Voir **Matthieu 13v18** : *'' <u>Vous donc, écoutez ce que signifie la parabole</u> du semeur. ''*

- **Des apôtres aux amis** : Des hommes ordinaires aux disciples ; de disciples aux apôtres ; puis des apôtres aux amis.

Voir **Jean 15v15** : *'' <u>Je ne vous appelle plus serviteurs, parce que le serviteur ne sait pas ce que fait son maître ; mais je vous ai appelés amis,</u> parce que je vous ai fait connaître tout ce que j'ai appris de mon Père. ''*

N.B : L'ami donc, connaît tout ce qui est de son ami. Alors, il ne peut aucunement se tromper aux goûts et aux choix de son ami.

Ainsi, lorsqu'un Ministre ou Serviteur de Dieu attire des foules de gens, sans les soumettre à la repentance et à la conversion :

Diront-on qu'il est l'ami de Jésus ?

Si l'ami d'une personne a pour préférence une femme brune, de petite taille ; et que son soit disant ami, lui trouve pour femme ; une femme de teint sombre, et de grande taille :

Diront-on ; celui-ci est l'ami de ce dernier ?

Lorsqu'on ne se connait pas les goûts ; on n'est pas amis !

Il en ainsi de ceux qui travaillent pour préparer une femme pour le Christ.

Jean Baptiste était l'ami de Christ. Et, lorsque le Christ fit son entrée en scène, Jean déclare ceci dans le livre de **Jean 3v29** :

'' *Celui à qui appartient l'épouse, c'est l'époux ; <u>mais l'ami de l'époux, qui se tient là et qui l'entend, éprouve une grande joie à cause de la voix de l'époux</u> : aussi <u>cette joie, qui est la mienne, est parfaite</u>.* ''

Ainsi, les Amis de l'Epoux ; ce sont les Ministres ou Serviteurs de Dieu, que Dieu envoie parmi les humains pour le salut de ceux-ci. C'est-à-dire, pour préparer un peuple qui lui appartiendra.

Est-ce que, c'est tout le monde qui est Ministre de Dieu ?

Réponse : Non !

Et pourquoi donc ?

Réponse : Ce ne sont pas tous, qui font les recommandations du Seigneur.

Quelles sont donc ces recommandations ?

Réponse : C'est la mission qu'il a confié à ses Amis ; laquelle se trouve dans le livre de

Matthieu 28v19-20 : '' *<u>Allez, faites de toutes les nations des disciples</u>, les baptisant au nom du Père, du Fils et du Saint-Esprit, et <u>enseignez-leur à observer tout ce que je vous ai prescrit</u>. Et voici, je suis avec vous tous les jours, jusqu'à la fin du monde.* ''

Alors : **Qu'est-ce qu'un disciple ?**

Réponse : C'est une personne qui reçoit l'enseignement d'un maître. C'est aussi une personne qui adhère à une doctrine.

Ainsi, les disciples de Christ suivent les enseignements de Christ. Ils ne peuvent pas suivre ou mélanger, les enseignements de Christ, avec d'autres enseignements, les enseignements étrangers.

Ainsi, dans le monde, on peut parler de plusieurs sortes d'enseignements.

LES TROIS DOCTRINES DANS LE MONDE

Il existe plusieurs sortes de doctrines dans le monde seulement, chaque doctrine à un maître. Et aussi, ces doctrines ne disent pas toutes les mêmes choses. On peut donc les citer :

1 – La doctrine de Dieu, ou la doctrine de Christ.

La doctrine de Christ, il est clair, comme il avait su le dire, lui-même ; que sa doctrine n'était pas de lui, mais de son Père. Et, sa doctrine est de Dieu. Ainsi, quiconque suit la doctrine de Christ, pratique la doctrine de Dieu.

- Voir **Jean 7v16-17** : *" Jésus leur répondit : Ma doctrine n'est pas de moi, mais de celui qui m'a envoyé. Si quelqu'un veut faire sa volonté, il connaîtra si <u>ma doctrine est de Dieu</u>, ou si je parle de mon chef. "*

Et, celui qui demeure dans la doctrine de Christ, a le Père et le Fils. Mais celui qui ne demeure pas dans cette doctrine n'a pas Dieu.

Voir **2 Jean v9** : *" <u>Quiconque va plus loin et ne demeure pas dans la doctrine de Christ n'a point Dieu ; celui qui demeure dans cette doctrine a le Père et le Fils</u>. "*

Et, pour connaître la doctrine de Christ ; contrairement à ce que, les gens disent : « **Le Christianisme** » ; cette doctrine, ce n'est pas le christianisme. Car, le christianisme n'est pas une doctrine de la Bible, ou de la parole de Dieu.

Car, au sujet de la parole de Dieu, il est écrit dans le livre des **Proverbes 30v5-6** :

" <u>Toute parole de Dieu est éprouvée</u>. Il est un bouclier pour ceux qui cherchent en lui un refuge. <u>N'ajoute rien à ses paroles, de peur qu'il ne te reprenne et que tu ne sois trouvé menteur</u>. "

Alors, la doctrine est claire et précise. Elle est différente du christianisme qui est une doctrine qui se partage en contradiction, entre plusieurs sortes de croyances. Mais, la doctrine de Christ est composée de six éléments fondamentaux dont :

- Le renoncement aux œuvres mortes

- La foi en Dieu

- Les baptêmes

- L'imposition des mains

- La résurrection des morts

- Le jugement éternel.

Voir **Hébreux 6v1-2** : *" C'est pourquoi, laissant <u>les éléments de la parole de Christ</u>, tendons à ce qui est parfait, sans poser de nouveau le fondement du <u>renoncement aux œuvres mortes</u>, de <u>la foi en Dieu</u>, de <u>la doctrine des baptêmes</u>, de <u>l'imposition des mains</u>, de <u>la résurrection des morts</u>, et du <u>jugement éternel</u>. "*

Et, cette doctrine ; c'est elle qui donne aux croyants, de la foi qui conduit au salut pour leurs âmes. Tel qu'il est écrit dans l'épître aux **Romains 10v17** :

" Ainsi <u>la foi vient de ce qu'on entend, et ce qu'on entend vient de la parole de Christ</u>. "

N.B : Les paroles de Christ veulent dire : Les enseignements de Christ. Voilà, l'une des doctrines.

2 – La doctrine des démons (Satan et les autres mauvais esprits).

Les esprits mauvais aussi inspirent des connaissances. Seulement, ces connaissances ne viennent pas pour construire dans la foi, mais plutôt pour déchoir la foi des croyants. Ou encore, pour rendre incrédule, les humains en ce qui concerne la foi, ou la croyance à la parole de Dieu ; ou encore, pour éloigner les humains de vraie connaissance de Dieu selon la vérité.

- **1 Timothée 4v1** : *" Mais l'Esprit dit expressément que, dans les derniers temps, quelques-uns abandonneront la foi, pour s'attacher à des esprits séducteurs et à des doctrines de démons. "*

Les démons inspirent des mauvaises pensées, et des mauvaises idées.

Voir **Jacques 2v4** : *" ne faites-vous pas en vous-mêmes une distinction, et ne jugez-vous pas sous l'inspiration de pensées mauvaises ? "*

Ainsi, ils poussent les hommes à faire mauvais usage de la parole de Dieu. Et cela, par rapport à leurs connaissances.

N.B : La doctrine des démons permet à leurs croyants, de connaître les choses des démons. Voilà encore une autre doctrine !

3 – **La doctrine des hommes.**

Les hommes de mêmes, ont leurs doctrines, lesquelles sont créées par rapport à eux-mêmes, selon leurs imaginations. Et, c'est par ces doctrines qu'ils essaient à leurs manières, à conduire leurs sociétés. Seulement, ces doctrines leurs éloignent totalement de Dieu, le Créateur, parce qu'elles sont basées sur le fondement des pensées parfois bonnes. Mais surtout des mauvaises.

- Voir **Colossiens 2v20-22** : *" Si vous êtes morts avec Christ aux rudiments du monde, pourquoi, comme si vous viviez dans le monde, vous impose-t-on ces préceptes : Ne prends pas ! ne goûte pas ! ne touche pas ! préceptes qui tous deviennent pernicieux par l'abus, et qui ne sont fondés que sur les ordonnances et les doctrines des hommes ? "*

Alors, pour mieux comprendre ces trois doctrines ; il faudrait les aborder un à un.

1 – LA DOCTRINE DE DIEU ET DE CHRIST

Cette doctrine n'a jamais existé dans le monde avant la venue de Christ. Donc, c'est le Christ, en la personne de Jésus de Nazareth, qui est venue avec : C'est pourquoi, elle fut appelée par les anciens juifs : « **La nouvelle doctrine** ».
Cette doctrine parle du Père qui serait le Créateur du monde, et de toutes choses. Et de son Fils unique qui serait le reflet de sa personne ou, sa partie physique. C'est par lui, qu'il agit, pour sauver l'être humain ; notamment, les membres de son royaume, dispersés parmi les autres êtres humains plus nombreux qu'eux, sur la terre. Et ce, au milieu de plusieurs croyances éloignées de celle de Dieu. Ainsi, le diable les a retenus dans sa prison et cela, grâce au moyen de sa puissance dite : « **La puissance des ténèbres** ».

Voir **Actes 26v18** : *" afin que tu leur ouvres les yeux, pour qu'ils passent des ténèbres à la lumière et de la puissance de Satan à Dieu, pour qu'ils reçoivent, par la foi en moi, le pardon des péchés et l'héritage avec les sanctifiés. "*

N.B : C'est cette puissance de Satan, qui est appelée : « **Puissance des ténèbres** ». Selon, ce qui est écrit dans l'épître des **Colossiens 1v13** :

'' qui nous a délivrés de <u>la puissance des ténèbres</u> et nous a transportés dans le royaume du Fils de son amour. ''

1 – La nouvelle doctrine, ou la doctrine de Jésus-Christ était différente de celle du Judaïsme ; la religion juive. Car, la façon d'enseigner de Jésus-Christ, et sa façon d'agir ; cela montrait que, lui et les serviteurs juifs, dans l'exercice, dans le temple juif, n'avaient pas le même entendement sur la connaissance du service du sacerdoce. Ainsi, la façon de faire du Seigneur Jésus était nouvelle dans cette société.

Voir **Matthieu 7v28-29** : *'' Après que Jésus eut achevé ces discours, <u>la foule fut frappée de sa doctrine ; car il enseignait comme ayant autorité, et non pas comme leurs scribes</u>. ''*

Le peuple Juif était étonné par les enseignements du Seigneur Jésus, et la manière de dispenser cet enseignement. Et, ils cherchaient à savoir, ou à comprendre ; mais les mots leur manquaient, pour s'exprimer à ce propos.

 Voir **Marc 1v27** : *'' Tous furent saisis de stupéfaction, de sorte qu'<u>ils se demandaient les uns aux autres : Qu'est-ce que ceci ? Une nouvelle doctrine</u> ! Il commande avec autorité même aux esprits impurs, et ils lui obéissent ! ''*

La manifestation du royaume de Christ sur la terre est appelée : La venue du royaume de Dieu, ou du royaume des cieux. Alors, il est impossible de voir ce royaume, quand on voudrait considérer ces choses charnellement, ou physiquement. En effet :

- Ce royaume est invisible. Donc, il est impossible de le localiser.

Voir **Luc 17v20-21** : *'' Les pharisiens demandèrent à Jésus quand viendrait le royaume de Dieu. Il leur répondit : <u>Le royaume de Dieu ne vient pas de manière à frapper les regards. On ne dira point : Il est ici, ou : Il est là</u>. Car voici, le royaume de Dieu est au milieu de vous. ''*

Alors, le royaume de Dieu, ou des cieux étant invisible ; comment donc peut-on procéder à sa découverte ?

Ainsi, une question mériterait tout d'abord d'être posée : **Qu'est-ce que le royaume de Dieu ?**

Réponse : Le royaume de Dieu, ou des cieux ; c'est la **Justice**, c'est la **Paix**, c'est la **Joie**. Et, ces trois choses ne peuvent être une œuvre humaine, ou des esprits purs ou impurs. Mais de seul Dieu. Il le fait par le Saint-Esprit.

Voir **Romains 14v17** : *'' Car <u>le royaume de Dieu</u>, ce n'<u>est</u> pas le manger et le boire, mais la <u>justice</u>, la <u>paix</u> et la <u>joie</u>, par le Saint-Esprit. ''*

1- Qu'est-ce que la **Justice** ?

C'est une vertu morale consistant à reconnaître et à respecter les droits d'autrui en se conformant au principe d'équité. Et, ces principes ici ; il s'agit de ce qui concerne la parole de Dieu.

Voir **Matthieu 6v33** : " *Cherchez premièrement le royaume et la justice de Dieu ; et toutes ces choses vous seront données par-dessus.* "

2- Qu'est-ce que c'est la **Paix** ?

C'est l'attitude qui permet une morale équilibrée ; c'est-à-dire, l'absence total de trouble. Et, seul Dieu en est le détenteur.

Voir **Jean 14v27** : " *Je vous laisse la paix, je vous donne ma paix. Je ne vous donne pas comme le monde donne. Que votre cœur ne se trouble point, et ne s'alarme point.* "

3- Qu'est-ce que la **Joie** ?

C'est un sentiment agréable de bonheur intense, c'est une grande gaieté, un grand plaisir. Elle produit dans les êtres vivant la plénitude d'un grand bonheur. Et, cette joie parfaite ; ce n'est que Dieu qui la donne.

Voir **Jean 15v11** : " *Je vous ai dit ces choses, afin que ma joie soit en vous, et que votre joie soit parfaite.* "

LA DOCTRINE DE CHRIST

La doctrine ; c'est l'ensemble des opinions et des idées considérées comme vraies et essentielles. Ainsi, Christ, lui de même, dispose des enseignements qui constituent le fondement de son mouvement. Le mouvement du royaume de Dieu.

La doctrine de Christ, disait-il : Qu'il l'avait reçu de celui qui l'avait envoyé ; donc, cette doctrine est de son Père.

Voir **Jean 7v16** : " *Jésus leur répondit : Ma doctrine n'est pas de moi, mais de celui qui m'a envoyé.* "

Et, pour que les humains connaissent cette doctrine ; ils devront faire la volonté de celui qui a envoyé le Seigneur Jésus-Christ.

Voir **Jean 7v17** : " *Si quelqu'un veut faire sa volonté, il connaîtra si ma doctrine est de Dieu, ou si je parle de mon chef.* "

Ainsi, tout ce que le Seigneur Jésus-Christ a eu à enseigner au monde ; il les a eu de son Père.

Alors, étant donné, qu'il y a plusieurs doctrines ; il est donc important de connaître réellement celle de Christ.

Comment appelle-t-on la doctrine de Christ ?

Réponse : La doctrine de Christ est appelée de différentes façons, selon ce qui est écrit dans les passages bibliques suivants :

* **1 Timothée 1v9-10** : " *sachant bien que la loi n'est pas faite pour le juste, mais pour les méchants et les rebelles, les impies et les pécheurs, les irréligieux et les profanes, les parricides, les meurtriers, les impudiques, les infâmes, les voleurs d'hommes, les menteurs, les parjures, et tout ce qui est contraire à la saine doctrine.* "

* **2 Timothée 4v3** : *" Car il viendra un temps où les hommes ne supporteront pas <u>la saine doctrine</u> ; mais, ayant la démangeaison d'entendre des choses agréables, ils se donneront une foule de docteurs selon leurs propres désirs. "*

* **Tite 1v9** : *" attaché à la vraie parole telle qu'elle a été enseignée, afin d'être capable d'exhorter selon <u>la saine doctrine</u> et de réfuter les contradicteurs. "*

* **Tite 2v1** : *" Pour toi, dis les choses qui sont conformes à <u>la saine doctrine</u>. "*

Ainsi, par rapport à ces passages lus ; on retient que, la doctrine de Christ ; c'est : « **La saine doctrine** ».

Mais encore, cette même doctrine est en outre appelée :

« **La doctrine de Dieu** ». Voir **Tite 2v10** : *" A ne rien dérober, mais à montrer toujours une parfaite fidélité, afin de faire honorer en tout <u>la doctrine de Dieu</u> notre Sauveur. "*

La doctrine de Christ veut tout simplement dire : « **La doctrine de Dieu** ».

Cette doctrine est encore appelée : « **La bonne doctrine** » dans l'épître à Timothée.

Voir **1 Timothée 4v6** : *" En exposant ces choses aux frères, tu seras un bon ministre de Jésus-Christ, nourri des paroles de la foi et de <u>la bonne doctrine</u> que tu as exactement suivie. "*

Cette doctrine est aussi appelée : « **Les saines paroles** » dans l'épître à Timothée :

Voir **1 Timothée 6v3** : *" Si quelqu'un enseigne de fausses doctrines, et ne s'attache pas aux <u>saines paroles</u> de notre Seigneur Jésus-Christ et à la doctrine qui est selon la piété. "*

Et aussi :

Voir **2 Timothée 1v13** : *" Retiens dans la foi et dans la charité qui est en Jésus-Christ le modèle des <u>saines paroles</u> que tu as reçues de moi. "*

Cette doctrine est enfin appelée : « **La foi** ».

Voir **1 Timothée 4v1** : *" Mais l'Esprit dit expressément que, dans les derniers temps, quelques-uns abandonneront <u>la foi</u>, pour s'attacher à des esprits séducteurs et à des doctrines de démons. "*

 La mission du Seigneur à ses disciples ou à ses Ministres se fait en deux parties :

1- Faire des disciples

Voir **Matthieu 28v19** : *" ... <u>faites des disciples</u> ... "*

2- Enseigner les disciples à observer les commandements ou la loi.

Voir **Matthieu 28v20** : *" <u>Enseignez-leur à observer</u> ... "*

N.B : Les deux principes permettront l'entrée dans le royaume de Dieu ou l'héritage de la vie éternelle. Et, ce sont les deux qui constituent « **la vision de l'Eglise de Jésus-Christ** ».

L'ENSEMBLE DE COMPORTEMENTS QUI EMPÊCHENT L'HERITAGE DU ROYAUME

L'entrée dans le royaume des cieux étant la raison fondamentale pour laquelle, le Seigneur Jésus-Christ était venu mourir à la croix ; il y a donc un certain nombre de comportements retenus par les recommandations du Seigneur, lesquelles annuleraient le droit d'entrer dans le royaume de Dieu. C'est ce que, le message du royaume appelle par les œuvres mortes. Et, c'est ce qu'on peut voir, dans les passages bibliques suivants :

- **1 Corinthiens 6v9-10** : '' *Ne savez-vous pas que les injustes n'hériteront point le royaume de Dieu ? Ne vous y trompez pas : ni les impudiques, ni les idolâtres, ni les adultères, ni les efféminés, ni les infâmes, ni les voleurs, ni les cupides, ni les ivrognes, ni les outrageux, ni les ravisseurs, n'hériteront le royaume de Dieu.* ''

- **Galates 5v19-21** : '' *Or, les œuvres de la chair sont manifestes, ce sont l'impudicité, l'impureté, la dissolution, l'idolâtrie, la magie, les inimitiés, les querelles, les jalousies, les animosités, les disputes, les divisions, les sectes, l'envie, l'ivrognerie, les excès de table, et les choses semblables. Je vous dis d'avance, comme je l'ai déjà dit, que ceux qui commettent de telles choses n'hériteront point le royaume de Dieu.* ''

- **Ephésiens 5v3-5** : '' *Que l'impudicité, qu'aucune espèce d'impureté, et que la cupidité, ne soient pas même nommées parmi vous, ainsi qu'il convient à des saints. Qu'on n'entende ni paroles déshonnêtes, ni propos insensés, ni plaisanteries, choses qui sont contraires à la bienséance ; qu'on entende plutôt des actions de grâces. Car, sachez-le bien, aucun impudique, ou impur, ou cupide, c'est-à-dire, idolâtre, n'a d'héritage dans le royaume de Christ et de Dieu.* ''

- **Apocalypse 21v27** : '' *Il n'entrera chez elle rien de souillé, ni personne qui se livre à l'abomination et au mensonge ; il n'entrera que ceux qui sont écrits dans le livre de vie de l'agneau.* ''

- **Apocalypse 22v15** : '' *Dehors les chiens, les enchanteurs, les impudiques, les meurtriers, les idolâtres, et quiconque aime et pratique le mensonge !* ''

En un mot, voilà des choses qui peuvent empêcher l'entrée dans le royaume de Dieu. Alors, la doctrine de Christ est centrée sur ces choses. Et ce sont elles que le Seigneur a exigé l'observation de la part des disciples.
Ainsi les Ministres ou serviteurs de Dieu ont pour mission, de faire que les humains héritent le royaume de Dieu. C'est pourquoi, ils ont une contrainte rigoureuse, de pouvoir faire de sorte que, les fils et les filles du royaume, lesquels sont dans la perdition dans ce monde, puissent ne plus vivre, ou mener leurs vies, en vivant la pratique des interdits.

LES MINISTERES DANS LA PAROLE

Les Ministères sont des charges différentes que sont appelées d'être exercées par les Ministres pour former l'Eglise ou le corps de Christ, ou encore l'Epouse de Christ, et enfin, le peuple de Dieu ou le peuple du royaume céleste de Dieu.
Ainsi, les Ministères qui sont établis, sont en première catégorie ; les Ministères de la parole,

dont les Ministres prédestinés et préétablis dès le sein maternel, sont consacrés avant leur naissance.

Combien de Ministères existent-ils ?

La réponse : Le nombre des Ministères de la parole ne sont pas déterminés. Et donc, pour mieux répondre à cette question ; il faudrait recourir aux serviteurs, ou Ministres de la parole selon les Eglises, dans les temps apostoliques.

- L'Eglise de Jérusalem :

Dans cette Eglise, on reconnaissait à peine un Ministères de la parole au départ. Il devrait s'agir : Des apôtres.

Voir **Actes 1v2** : *" jusqu'au jour où il fut enlevé au ciel, après avoir donné ses ordres, par le Saint-Esprit, aux apôtres qu'il avait choisis. "*

Ils étaient à douze. Voilà, les Ministères de la parole reconnus à Jérusalem pour un premier temps.

Voir **Actes 6v2-4** : *" Les douze convoquèrent la multitude des disciples, et dirent : Il n'est pas convenable que nous laissions la parole de Dieu pour servir aux tables. C'est pourquoi, frères, choisissez parmi vous sept hommes, de qui l'on rende un bon témoignage, qui soient pleins d'Esprit-Saint et de sagesse, et que nous chargerons de cet emploi. Et nous, nous continuerons à nous appliquer à la prière et au ministère de la parole. "*

- L'Eglise de Césarée :

Dans cette Eglise, il y avait présence d'un évangéliste qui se nommait : Philippe.

Voir **Actes 21v8** : *" Nous partîmes le lendemain, et nous arrivâmes à Césarée. Étant entrés dans la maison de Philippe l'évangéliste, qui était l'un des sept, nous logeâmes chez lui. "*

- L'Eglise de Judée :

Dans cette Eglise, on reconnaissait la présence du Ministère de prophète.

Voir **Actes 21v10** : *" Comme nous étions là depuis plusieurs jours, un prophète, nommé Agabus, descendit de Judée. "*

- L'Eglise d'Antioche :

Dans cette Eglise, il y avait présence des Ministères des prophètes et des docteurs. Or, Paul qui fut apôtre, dans cette Eglise, il fut compté parmi les prophètes et les docteurs.

Voir **Actes 13v1** : *" Il y avait dans l'Église d'Antioche des prophètes et des docteurs : Barnabas, Siméon appelé Niger, Lucius de Cyrène, Manahen, qui avait été élevé avec Hérode le tétrarque, et Saul. "*

- L'Eglise de Corinthe :

Dans cette Eglise, il y avait la présence des apôtres, des prophètes et des docteurs. Comme, on pourrait notamment le lire dans **1 Corinthiens 12v28** :

" Et Dieu a établi dans l'Église premièrement des apôtres, secondement des prophètes, troisièmement des docteurs, ensuite ceux qui ont le don des miracles, puis ceux qui ont les dons de guérir, de secourir, de gouverner, de parler diverses langues. "

- Dans l'Eglise d'Ephèse :

Dans cette Eglise, il y avait reconnaissance de cinq différents Ministères. Il est vrai que, très souvent, le monde se retarde sur les cinq (5) cités dans le livre des Ephésiens, comme si, le Seigneur, ou le Saint-Esprit, aurait confirmé ; que ce sont-là, le nombre des Ministères de la parole qui existeraient. Or qu'au fond non !

Voir **Ephésiens 4v11** : *" Et il a donné les uns comme apôtres, les autres comme prophètes, les autres comme évangélistes, les autres comme pasteurs et docteurs. "*

Ces cinq ne sont pas le nombre total des Ministères que le Seigneur aurait destiné à l'Eglise. Mais, ces cinq sont ceux reconnus dans l'Eglise d'Ephèse.

N.B : Dans l'Eglise d'Ephèse ; on en reconnaissait cinq (5) Ministères : **Les Apôtres, les Prophètes**, **les Evangélistes**, **les Pasteurs**, et **les Docteurs.**

Pourquoi, les cinq Ministères ne suffisent-ils pas ?

La réponse : Au départ ; Les Ministères reconnus dans les Eglises dépendaient d'un endroit à un autre, tel que l'on venait tantôt de la constater en amant.
On a pu voir à Jérusalem, des apôtres ; et un évangéliste à Césarée ; en Judée, un prophète ; à Antioche, des prophètes et des docteurs ; à Corinthe des prophètes et des docteurs ; à Ephèse des apôtres, des prophètes, des évangélistes, des pasteurs et des docteurs. Etc.
Tout ceci nous instruit de la manière dont ont été réunis les différents Ministères.

ETABLISSEMENT DES MINISTERES DANS L'EGLISE DU SEIGNEUR

Dans l'Eglise du Seigneur, l'établissement des Ministères s'était fait par étapes. Et, c'est ce que, nous allons essayer de voir, de façon consécutive.

A l'Eglise de Jérusalem, on en reconnaissait que les Apôtres.

Voir **Actes 5v40** : *" Ils se rangèrent à son avis. Et ayant appelé les apôtres, ils les firent battre de verges, ils leur défendirent de parler au nom de Jésus, et ils les relâchèrent. "*

Et aussi, lorsque ceux-ci voulaient remplacer quelqu'un d'autre à la place de Judas Iscariote. Ainsi, ils n'auront pas besoin d'un autre Ministère, si ce n'est celui des apôtres.

Voir **Actes 1v15-26** : *" En ces jours-là, Pierre se leva au milieu des frères, le nombre des personnes réunies étant d'environ cent vingt. Et il dit : Hommes frères, il fallait que s'accomplît ce que le Saint-Esprit, dans l'Écriture, a annoncé d'avance, par la bouche de David, au sujet de Judas, qui a été le guide de ceux qui ont saisi Jésus. Il était compté parmi nous, et il avait part au même ministère. Cet homme, ayant acquis un champ avec le salaire du crime, est tombé, s'est rompu par le milieu du corps, et toutes ses entrailles se sont répandues. La chose a été si connue de tous les habitants de Jérusalem que ce champ a été appelé dans leur langue Hakeldama, c'est-à-dire, champ du sang. Or, il est écrit dans le livre*

*des Psaumes : Que sa demeure devienne déserte, et que personne ne l'habite ! Et:
Qu'un autre prenne sa charge ! Il faut donc que, parmi ceux qui nous ont accompagnés tout
le temps que le Seigneur Jésus a vécu avec nous, depuis le baptême de Jean jusqu'au jour où
il a été enlevé du milieu de nous, il y en ait un qui nous soit associé comme témoin de sa
résurrection. Ils en présentèrent deux : Joseph appelé Barsabbas, surnommé Justus, et
Matthias. Puis ils firent cette prière : <u>Seigneur, toi qui connais les cœurs de tous, désigne
lequel de ces deux tu as choisi, afin qu'il ait part à ce ministère et à cet apostolat,</u> que Judas a
abandonné pour aller en son lieu. Ils tirèrent au sort, et <u>le sort tomba sur Matthias, qui fut
associé aux onze apôtres.</u> ''*

Plus tard ; il y aura un nouveau Ministère qui verra le jour : « **Le Ministère de l'Evangéliste** ».

N.B : Ainsi, on pourrait reconnaître que dans l'Eglise de Jérusalem ; il y avait connaissance au
départ que de deux Ministères : **Les Apôtres** et **les Evangélistes.**

Voir **Actes 21v8** : *'' Nous partîmes le lendemain, et nous arrivâmes à Césarée. Étant entrés
dans la maison de <u>Philippe l'évangéliste,</u> qui était l'un des sept, nous logeâmes chez lui. ''*

Plus tard encore, vont naitre deux autres. Voir Dans l'Eglise qui était à Antioche ; on
reconnaissait seulement deux Ministères. Et, Paul qui était reconnu par les autres Apôtres,
comme Apôtre ; il était regardé dans l'Eglise d'Antioche, comme l'un d'eux ; donc, soit
Docteur, soit prophète.

Voir **Actes 13v1** : *'' Il y avait <u>dans l'Église d'Antioche des prophètes et des docteurs :</u>
Barnabas, Siméon appelé Niger, Lucius de Cyrène, Manahen, qui avait été élevé avec Hérode
le tétrarque, et Saul. ''*

N.B : Tandis que, dans l'Eglise d'Antioche, on en reconnaissait simplement que deux
Ministères : **Les Docteurs** et **les Prophètes.**
Tout ceci nous emmène à comprendre que les Eglises dans le Seigneur n'avaient pas toutes,
les mêmes Ministères en même temps. C'est pourquoi, il a été affirmé que les cinq
Ministères cités dans l'Eglise d'Ephèse ne sont pas les uniques, ou les définitifs. Il peut
certainement y avoir d'autres. Cela est analogue aux institution des anciens et des diacres.

Pourquoi, cela est-elle analogue avec les institutions des Anciens et des Diacres ?

La réponse ; c'est qu'au commencement, l'institution des Diacres n'existait pas encore. Mais,
après, il sera créée une institution des Diacres.
Et, à Jérusalem, cette institution n'avait pas des femmes.

 Voir **Actes 6v3,5** : *'' C'est pourquoi, frères, <u>choisissez parmi vous sept hommes,</u> de qui l'on
rende un bon témoignage, qui soient pleins d'Esprit-Saint et de sagesse, et que nous
chargerons de cet emploi. Cette proposition plut à toute l'assemblée. Ils élurent <u>Étienne,</u>
homme plein de foi et d'Esprit-Saint, <u>Philippe, Prochore, Nicanor, Timon, Parménas,</u> et
<u>Nicolas,</u> prosélyte d'Antioche. ''*

N.B : Ici, à Jérusalem ; il n'y avait que des hommes qui exerçaient les fonctions de Diacres.
Car, on y a cité aucune femme.

Ainsi, à cette époque, on pourrait dire que, pour ceux-ci, le diaconat ne devrait être réservé seul qu'aux hommes.

Tandis que, si l'on partait à l'Eglise de Cenchrée, on y trouvera des femmes dans cette fonction. Par exemple : Phoebé.

Voir **Romains 16v1** : *'' Je vous recommande Phoebé, notre sœur, qui est diaconesse de l'Église de Cenchrées. ''*

N.B : Cenchrée est une ville de la Grèce, port situé à environ 15 Km à l'Est de Corinthe.

Il en est de-même, dans l'Eglise d'Ephèse, où, il y avait **des Diacres** et **des Diaconesses** ; ce qui n'était pas dans l'Eglise de Jérusalem.

Voir **1 Timothée 3v11** : *'' Les diacres aussi doivent être honnêtes, éloignés de la duplicité, des excès du vin, d'un gain sordide, conservant le mystère de la foi dans une conscience pure. Qu'on les éprouve d'abord, et qu'ils exercent ensuite leur ministère, s'ils sont sans reproche. Les femmes, de même, doivent être honnêtes, non médisantes, sobres, fidèles en toutes choses. ''*

Dans l'Eglise de Jérusalem, on parlait des Anciens, et, dans l'Eglise d'Ephèse, on parlait également des Anciens. Mais, dans l'Eglise d'Ephèse, il y avait deux sortes d'Anciens.

- Les Anciens de Jérusalem :

Voir **Actes 20v28** : *'' Prenez donc garde à vous-mêmes, et à tout le troupeau sur lequel le Saint-Esprit vous a établis évêques, pour paître l'Église du Seigneur, qu'il s'est acquise par son propre sang. ''*

- Les Anciens de l'Ephèse :

Voir **1 Timothée 3v1** : *'' Cette parole est certaine : Si quelqu'un aspire à la charge d'évêque, il désire une œuvre excellente. ''*

Il y a deux sortes d'Anciens :

- Les Anciens qui prêchent la parole de Dieu :

Voir **1 Timothée 5v17** : *'' Que les anciens qui dirigent bien soient jugés dignes d'un double honneur, surtout ceux qui travaillent à la prédication et à l'enseignement. ''*

Ce passage montre très bien, qu'il y a deux sortes d'anciens. Les deux dirigent. Mais, les deux ne prêchent pas la parole de Dieu. C'est-à-dire ; qu'ils n'enseignent pas ; et ne fait pas aussi de prédications. Ils font autres choses. Tandis que l'autre fait des enseignements, et des prédications.

REMARQUES TRES IMPORTANTES 10

Il y a parmi les croyants tant des sujets sensibles qui leur divisent, compte-tenu des opinions divergents, suite à la compréhension, ou à l'incompréhension des Saintes-Ecritures ; il s'agit de l'exercice des êtres femelles dans le Ministère dit : « **Ministères de la**

Parole ». Alors, avant de répondre à cette préoccupation ; quelques points à examiner sont très nécessaires. Entre autres :

- Qu'est-ce que c'est le Ministère de la Parole ?

Le Ministère de la Parole est l'étape supérieure du service sacré, dans le Nouveau Sacerdoce, qui consiste à faire des nations des disciples, par le moyen de l'enseignement consacré uniquement à la doctrine de Jésus-Christ ; lequel accorde le salut aux âmes de ceux qui croiront.

Voir **Marc 16v15-16** : *" Puis il leur dit : <u>Allez par tout le monde, et prêchez la bonne nouvelle à toute la création. Celui qui croira et qui sera baptisé sera sauvé</u>, mais <u>celui qui ne croira pas sera condamné</u>. "*

Voilà, ce que c'est le Ministère de la Parole ! Il consiste en une forme de discours à exposer aux auditeurs, dans le but de les convaincre, sur la nécessité de chercher le salut pour leurs âmes.

- Comment s'opère le Ministère de la Parole ?

Le Ministère de la Parole opère de quatre (4) façons :

- Par la révélation

- Par la connaissance ou la science

- Par la prophétie

- Par la doctrine

Voir **1 Corinthiens 14v6** : *" Et maintenant, frères, de quelle utilité vous serais-je, si je venais à vous parlant en langues, et si je ne vous parlais pas par <u>révélation</u>, ou par <u>connaissance</u>, ou par <u>prophétie</u>, ou par <u>doctrine</u> ? "*

N.B : Voilà, les quatre (4) moyens utilisés par le Ministère de la Parole, pour transmettre la connaissance, laquelle est destinée d'apporter le salut à l'humanité.

- Qui est chargé de faire ou d'accomplir ce travail ?

La parole ne peut être adressée qu'aux êtres conscients. Ainsi, les êtres conscients, ce sont les humains.
C'est pour cela ; elle ne peut être adressée aux humains que par leurs semblables. Ceux donc qui doivent assumer les responsabilités de prêcher la parole de Dieu, ne peuvent qu'être des humains.

N.B : Prêcher la parole de Dieu consiste à faire une prédication. Et, une prédication ; c'est l'ensemble de deux dispensations : L'**enseignement** et l'**exhortation**.

- Enseigner veut dire **instruire** ; c'est le fait de **donner de la connaissance**.

- Exhorter veut dire **excite**r ou **encourage**r. C'est le fait de pousser à mettre en pratique l'enseignement, ou à résister contre toute sorte de contradiction suite à la connaissance reçue.

C'est donc par-rapport à ces deux façons de faire, que l'on prêche la parole de Dieu. Alors, une première question doit être posée de la manière suivante :

*** Les humains mâles peuvent-ils exercer le Ministère de la Parole ?**

La réponse : Oui, ils peuvent l'exercer, dans les conditions liées à la prédestination. Et cela, à l'image des passages bibliques que l'on pourrait examiner :

- **Noé** fut prédicateur ou Ministre de la Parole.

Voir **2 Pierre 2v5** : *'' s'il n'a pas épargné l'ancien monde, mais s'il a sauvé Noé, lui huitième, <u>ce prédicateur de la justice</u>, lorsqu'il fit venir le déluge sur un monde d'impies. ''*

N.B : Noé prêchait la Justice de Dieu. C'est-à-dire ; la repentance du genre humain ; ainsi que leur conversion, ou changement de vie.

- Abraham fut prédicateur de la parole de Justice. Car, c'est ce qu'on peut voir en lui-même.

Voir **Jacques 2v21,23** : *'' Abraham, notre père, ne fut-il pas justifié par les œuvres, lorsqu'il offrit son fils Isaac sur l'autel ? Ainsi s'accomplit ce que dit l'Écriture : Abraham crut à Dieu, et cela lui fut imputé à justice ; et <u>il fut appelé ami de Dieu</u>. ''*

Et encore :

Voir **Genèse 20v7** : *'' Maintenant, rends la femme de cet homme ; car <u>il est prophète</u>, il priera pour toi, et tu vivras. Mais, si tu ne la rends pas, sache que tu mourras, toi et tout ce qui t'appartient. ''*

- **Sara**, femme d'**Abraham** pratiquait la même parole de justice que son mari. Et, elle a été prise d'un modèle, de la femme croyante, ou servante de Dieu. Ainsi, toute femme, croyante en Christ, est une fille pour Sara, lorsqu'elle mène une vie identique à celle qu'avait mené Sara lorsqu'elle était avec Abraham, son mari.

Voir **1 Pierre 3v6** : *'' comme Sara, qui obéissait à Abraham et l'appelait son seigneur. C'est d'elle que vous êtes devenues les filles, <u>en faisant ce qui est bien</u>, sans vous laisser troubler par aucune crainte. ''*

Les gens de la maison d'Abraham ; par exemple : Eliezer de Damas.

Voir **Genèse 24v12-14** : *'' Et il dit : <u>Éternel, Dieu de mon seigneur Abraham</u>, fais-moi, je te prie, rencontrer aujourd'hui ce que je désire, et use de bonté envers mon seigneur Abraham ! Voici, je me tiens près de la source d'eau, et les filles des gens de la ville vont sortir pour puiser de l'eau. Que la jeune fille à laquelle je dirai : Penche ta cruche, je te prie, pour que je boive, et qui répondra : Bois, et je donnerai aussi à boire à tes chameaux, soit celle que tu as destinée à ton serviteur Isaac ! Et par là je connaîtrai que tu uses de bonté envers mon seigneur. ''*

Le serviteur-né dans la maison d'Abraham connaissait le Dieu d'Abraham son Seigneur.

N.B : Il y en a tellement des passages dans la Bible qui montrent les êtres mâles entrain d'exercer le Ministère de la Parole. C'est pourquoi, il est inutile d'en parler d'avantage. Et, on pourrait donc passer à la deuxième question :

*** Les humains femelles peuvent-elles exercer le Ministère de la Parole ?**

La réponse : Oui, elles peuvent l'exercer, dans les conditions également liées à la prédestination. Et cela, tout de-même, à l'image des passages bibliques que l'on pourrait examiner.

- **Marie**, sœur d'**Aaron** et de **Moïse** fut prophétesse. Car, Dieu parlait également par elle.

Voir **Nombres 12v1-2** : *" Marie et Aaron parlèrent contre Moïse au sujet de la femme éthiopienne qu'il avait prise, car il avait pris une femme éthiopienne. Ils dirent : Est-ce seulement par Moïse que l'Éternel parle ? N'est-ce pas aussi par nous qu'il parle ?* "

Marie était prophétesse en Israël.

Voir **Exode 15v20** : *" Marie, la prophétesse, sœur d'Aaron, prit à sa main un tambourin, et toutes les femmes vinrent après elle, avec des tambourins et en dansant.* "

L'Eternel au temps de Moïse, parlait aussi par Marie, grande sœur biologique de Moïse. Elle ne conduisait pas en tête, le peuple ; mais elle s'adressait aussi bien au peuple, de la part de L'Eternel que Moïse. Et, c'est ce qu'on appelle : « **Le Ministère de la Parole** ».

Marie, entant que Ministre de Dieu, exerçait certaines responsabilités.

Voir **Exode 15v21** : *" Marie répondait aux enfants d'Israël : Chantez à l'Éternel, car il a fait éclater sa gloire ; il a précipité dans la mer le cheval et son cavalier.* "

N.B : Moïse était prophète et autres, comme on en avait vu précédemment :

- Il était **chef** et **Juge**, et **Libérateur**.

Voir **Actes 7v35** : *" Ce Moïse, qu'ils avaient renié, en disant : Qui t'a établi chef et juge ? c'est lui que Dieu envoya comme chef et comme libérateur avec l'aide de l'ange qui lui était apparu dans le buisson.* "

- Il était **roi** sur Israël, dans le désert.

Voir **Deutéronome 33v4-5** : *" Moïse nous a donné la loi, héritage de l'assemblée de Jacob. Il était roi en Israël, quand s'assemblaient les chefs du peuple et les tribus d'Israël.* "

- Il était prophète.

Voir **Osée 12v14** : *" Par un prophète l'Éternel fit monter Israël hors d'Égypte, et par un prophète Israël fut gardé.* "

- **Débora** femme de **Lappidoth** était juge en Israël. Et elle exerçait en même temps les fonctions sacrées. Elle était prophétesse aux mêmes fonctions que Samuel, le prophète de l'Eternel. Et pour autant, les hommes ne manquaient pas en Israël, pour soumettre ces fonctions sa crées à eux ! Mais, il plut à Dieu, d'y placer Débora, qui est une femme. Et en plus, la femme de quelqu'un, ou femme mariée !

* **Débora**, la prophétesse et Juge en Israël :

Voir **Juges 4v4-5** : " *Dans ce temps-là, <u>Débora, prophétesse</u>, femme de Lappidoth, était juge en Israël. Elle siégeait sous le palmier de Débora, entre Rama et Béthel, dans la montagne d'Éphraïm ; et les enfants d'Israël montaient vers elle pour être jugés.* "

* **Samuel** ; prophète et Juge en Israël :

Voir **Actes 13v20** : " *Après cela, durant quatre cent cinquante ans environ, <u>il leur donna des juges, jusqu'au prophète Samuel</u>.* "

N.B : Samuel entant que prophète ; on sait très bien, comment a-t-il exercé le Ministère de la Parole, au temps de la loi mosaïque. Et, c'est de cette même façon-là, que Débora qui est son prédécesseur, l'exerçait.

- La femme du prophète Esaïe était prophétesse, au même rang que son mari.

Voir **Esaïe 8v3** : " *<u>Je m'étais approché de la prophétesse ; elle conçut, et elle enfanta un fils</u>. L'Éternel me dit : Donne-lui pour nom Maher-Schalal-Chasch-Baz.* "

N.B : Au même niveau qu'Esaïe exerçait le Ministère de la Parole sous la loi mosaïque, sa femme, exerçait aussi son Ministère de la même façon, sous la loi de Moïse.

- Au temps où Hilkija, Achikam, Achor, Schaphan et Asaja furent sacrificateurs ; **Hulda** fut prophétesse. Car, là, les fonctions de Juge étaient séparées à celle des prophètes. Ainsi, il y avait en Israël : les fonctions de roi (entant que Juge et conducteur du peuple), la profession des prophètes, et celle des sacrificateurs.

Voir **2 Rois 22v14** : " *<u>Le sacrificateur Hilkija, Achikam, Acbor, Schaphan et Asaja, allèrent auprès de la prophétesse Hulda, femme de Schallum</u>, fils de Thikva, fils de Harhas, gardien des vêtements. Elle habitait à Jérusalem, dans l'autre quartier de la ville.* "

Et aussi :

Voir **2 Chroniques 3v21-22** : " *<u>Allez, consultez l'Éternel pour moi</u> et pour ce qui reste en Israël et en Juda, au sujet des paroles de ce livre qu'on a trouvé ; car grande est la colère de l'Éternel qui s'est répandue sur nous, parce que nos pères n'ont point observé la parole de l'Éternel et n'ont point mis en pratique tout ce qui est écrit dans ce livre. <u>Hilkija et ceux qu'avait désignés le roi allèrent auprès de la prophétesse Hulda, femme de Schallum</u>, fils de Thokehath, fils de Hasra, gardien des vêtements. Elle habitait à Jérusalem, dans l'autre quartier de la ville. Après qu'ils eurent exprimé ce qu'ils avaient à lui dire.* "

N.B : Hulda fut prophétesse en Israël, au même titre qu'Esaïe, Jérémie, Ezéchiel, Elie, Elisée, etc.

- Au temps où, Christ était né, et emmené au temple ; celle qui était prophétesse en ce temps-là ; c'était une femme : **Anne**.

Voir **Luc 2v36-38** : " *Il y avait aussi une prophétesse, Anne, fille de Phanuel, de la tribu d'Aser. Elle était fort avancée en âge, et elle avait vécu sept ans avec son mari depuis sa virginité. Restée veuve, et âgée de quatre-vingt-quatre ans, elle ne quittait pas le temple, et elle servait Dieu nuit et jour dans le jeûne et dans la prière. Étant survenue, elle aussi, à cette même heure, elle louait Dieu, et elle parlait de Jésus à tous ceux qui attendaient la délivrance de Jérusalem.* "

N.B : Jusque dans le temple de Dieu, à Jérusalem, il y avait des Ministres de la Parole femmes, lesquelles étaient au Ministère presqu'unique à l'époque : « **Le Ministère des prophètes** ».

Pour répondre à la question posée en amant ; il est donc clair que, les mêmes Ministères qu'exerçaient les hommes dans l'Ancienne Alliance ; ceux qui ont gardé les mêmes appellations. Il s'agit :

- Pour les hommes : **Les Prophètes**

- Pour les femmes : **Les Prophétesses**.

Allons-nous refuser de reconnaître la façon de fonctionner des Ministères, au profit de nos sentiments ou par rapport aux choses qui sont dues à nos ignorances ou à nos propres sens d'incompréhension, ou enfin, par rapport à nos sentiments diaboliques ; ce qui est clairement écrit et lisible ? Puis qu'il est écrit dans le livre des **Romains 15v4** ; ce qui suit :

" *Or, tout ce qui a été écrit d'avance l'a été pour notre instruction, afin que, par la patience, et par la consolation que donnent les Ecritures, nous puissions posséder l'espérance.* "

En somme, on ne peut donc pas refuser d'accepter ce qui est clair. C'est pourquoi, ayant bien compris la façon d'être dans l'Ancienne Alliance, et étant suffisamment instruit sur le nécessaire ; on peut ainsi, passer à la Nouvelle Alliance. Mais, il serait tout de-même très utile, de se poser la question suivante :

Les êtres humains femelles servaient-elles Dieu dans la Nouvelle Alliance oui ou non ?

La réponse : Oui, les femmes servaient Dieu dans la Nouvelle Alliance !

Voir **1 Timothée 2v10** : " *Mais qu'elles se parent de bonnes œuvres, comme il convient à des femmes qui font profession de servir Dieu.* "

Pour poursuivre la réponse à la question posée en amant ; il faudrait aussi se poser la question suivante :

Qu'est-ce qu'une profession ?

En dehors du fait qu'elle est aussi une déclaration ; une profession est un métier, une activité ou un emploi.
Ainsi, en revenant sur cette phrase, on pourrait parler en ces sens :

« … **des femmes qui font profession de servir Dieu** ». Ou,

« … **des femmes qui ont l'emploi de servir Dieu** ». Ou,

« … **des femmes qui font le métier de servir Dieu** ». Ou,

« … **des femmes qui font l'activité de servir Dieu** ».

Or, qui dit métier, qui dit emploi, qui dit activité ; disent pratiquement la même chose ; il s'agit d'un travail dont les moyens permettent de tirer l'existence.

Ainsi, les femmes qui font la profession de servir Dieu ; elles vivent de ce métier. Alors, il est totalement clair que dans la Nouvelle Alliance, des femmes de même que les hommes, exercent le métier de servir Dieu. Et par conséquent, c'est par çà, qu'ils tirent tous leur moyen de vivre ou moyen d'existence.

REMARQUES TRES IMPORTANTES 11

Il y a une grande différence entre la femme professionnelle dans le service sacré ou service de Dieu, et la femme simple qui participe au culte, dans les assemblées de l'Eglise. Si l'on peut encore préciser de la manière suivante : « **Tout simplement, sœur, ou croyante** ».

L'apôtre Paul, poussé par le Saint-Esprit parle avec une grande rigueur au sujet de la femme ordinaire, c'est-à-dire ; une sœur simple ; compte-tenu de sa conduite dans les assemblées de l'Eglise.

Voir **1 Corinthiens 14v34-35** : *" Que les femmes se taisent dans les assemblées, car il ne leur est pas permis d'y parler ; mais qu'elles soient soumises, selon que le dit aussi la loi. Si elles veulent s'instruire sur quelque chose, qu'elles interrogent leurs maris à la maison ; car il est malséant à une femme de parler dans l'Église. "*

La parole de Dieu et les Ecritures ne sont pas compliquées. Il suffit seulement que le Saint-Esprit qui en est l'auteur inspirateur, apporte la connaissance par le moyen des personnes qu'il se choisi, pour la propager dans des différentes sociétés.
Les humains, et en particulier ; l'Eglise.
Elle en est éclairée. Ainsi, tous quittent les ténèbres pour la lumière. Alors :

- **Quelles sont ces femmes dans ce passage, qui doivent se taire dans les assemblées de l'Eglise, et lesquelles devront s'instruire auprès de leurs maris, mais à la maison ?**

1 – Ce sont des femmes qui n'ont pas pour profession de servir Dieu, qui ne doivent pas parler dans les assemblées de l'Eglise.

2 – Des femmes qui ont reçu l'interdiction de parler ici ; ce sont des femmes mariées.

- **Quelle différence entre taire ici, et prêcher et parler ?**

Se taire ; c'est resté sous un silence. Sans dire quoi que ce soit. Donc, sans parler.

Prêcher ; c'est le fait de recommander avec insistance (quelque chose), en vantant les mérites. C'est aussi une façon qui consiste à enseigner par des sermons, ou dans un discours ; la parole de Dieu, les vérités de la foi, …
Donc, prêcher ; c'est tenir des discours moralisateurs ; une façon de s'engager avec insistance ; pour ou contre quelque chose, dans des paroles ou des écrits. En un mot ; c'est faire connaître l'Evangile. Voilà en somme ; ce que c'est prêcher !

Parler ; c'est une façon d'exprimer sa pensée ou ses sentiments en se servant du langage articulé. Et aussi, une façon de prononcer un discours ou, s'exprimer publiquement. C'est enfin, échanger des propos avec une ou plusieurs personnes.

Alors qu'est ce qui en sera pour les femmes non mariées ?

Alors, il n'y a rien de spéciale qui est dite !

N.B : Le passage de **1 Corinthiens 14v34-35**, ne concerne pas les femmes professionnelles ; mariées ou non mariées. Car, eut égard aux définitions citées en amant ; on peut comprendre que ; se taire, c'est le contraire de parler. Or, parler ; c'est une façon d'exprimer ses pensées ou ses sentiments, en se servant du langage articulé. C'est aussi échangé des propos avec une ou plusieurs personnes. Une femme mariée ne devait pas se comporter ainsi, dans les assemblées de l'Eglise. Et, à bien voir ; c'est pour son propre respect, et celui de son mari. Car, il encore dit au **verset 35** :

« **Si elles veulent s'instruire sur quelque chose**, qu'elles interrogent leurs maris à la maison ; **car il est malséant à une femme de parler dans l'Église** ».

 Or, les femmes qui font profession de servir Dieu, n'ont rien à chercher comme instruction, auprès des bien-aimés, dans l'Eglise !
Les femmes dans la profession ; se renseignent, ou peuvent s'instruire auprès des leurs collègues de service. Mais aux fidèles de l'Eglise.

Ensuite ; voir **1 Timothée 2v12** : *" Je ne permets pas à la femme d'enseigner, ni de prendre de l'autorité sur l'homme ; mais elle doit demeurer dans le silence. "*

* « **Je ne permets pas à la femme d'enseigner** ».

Qu'est-ce qu'enseigner ?

Enseigner ; c'est apprendre à quelqu'un à un sujet donné. C'est transmettre un savoir-faire pratique à quelqu'un. Cela consiste à donner des indications nécessaires pour quelque chose.
Ainsi, enseigner ici, se rapporte à la parole de Dieu, ou à l'Evangile. Donc, c'est une façon qui consiste à transmettre un savoir, apprendre ou donner une connaissance à quelqu'un, indiquer des choses à quelqu'un.

Qu'est-ce que l'autorité ?

L'autorité ; c'est le droit ou le pouvoir des décisions, de commander ou de dominer. C'est aussi, le pouvoir de faire obéir, respecter ou d'imposer la confiance.
Ainsi donc, imposer en matière de conversation ; donner un ordre de façon personnelle, chercher des postes de commandement, une certaine révérence, etc. Voilà, ce que c'est prendre de l'autorité sur l'homme (son mari et, sur bien d'autres hommes).

Qu'est-ce que le silence ?

Silence : C'est le fait de ne pas dire, volontairement ou par impossibilité, les informations ou l'opinion que l'on a, au sujet de quelque chose.

Arrêt prolongé des conversations et des bruits volontaires.

Ainsi, cela se rapporte au bavardage. Donc un bruit qui dérange. Voilà, quelle est l'attitude qu'une sœur en Christ, ou fidèle doit avoir, dans les assemblées, ou réunions de l'Eglise.

Quelle est cette femme ?

La réponse : La femme ordinaire. C'est elle qui n'est pas appelée à exercer le service de Dieu. Donc, cette femme-là, qui n'est pas de la profession de servir Dieu.

Cette femme ne doit pas enseigner l'Evangile, ne doit pas prendre de l'autorité sur l'homme, doit rester en silence, sur des questions qui concernent la connaissance de l'Evangile, ou la profession de servir Dieu.
Elle est au moins libre de tout faire, chez elle. C'est-à-dire dans son foyer, dans sa famille. Mais pas lors des assemblées de l'Eglise, ou en pleine assemblée de l'Eglise.

LE MINISTERE DE LA PAROLE

Comme, il a été précédemment défini ; le Ministère de la Parole est une fonction ou une charge, assignée à une personne donnée, afin d'exprimer par le langage : La pensée ou les sentiments de Dieu.
Le Ministère de la Parole est par là, un service sacré. Il est exercé par ceux qui sont appelés Ministres de Dieu : Hommes comme Femmes.

N.B : Le Ministère est un esprit, si l'on veut considérer, tel qu'il est écrit, et qu'on peut lire dans **1 Corinthiens 14v32** :

'' Les esprits des prophètes sont soumis aux prophètes. ''

Les prophètes sont conduits par un esprit, lequel, on appelle : « **L'esprit des prophètes** ». Et donc, tous les Ministères sont conduits par les esprit de leurs appellations. Ainsi, tel qu'il l'est pour les prophètes ; il en est de même pour tous les autres Ministères de la Parole : Apôtres, Docteurs, Pasteurs, Evangélistes, etc.

Or, un esprit est un ange, selon le livre des **Hébreux 1v13-14** :

'' Et auquel des anges a-t-il jamais dit : Assieds-toi à ma droite, jusqu'à ce que je fasse de tes ennemis ton marchepied ? Ne sont-ils pas tous des esprits au service de Dieu, envoyés pour exercer un ministère en faveur de ceux qui doivent hériter du salut ? ''

Les anges sont des compagnons de service pour les humains qui font le service sacré. Donc, les anges n'ayant pas de corps physiques ; dans ce monde visible, ils utilisent des corps ou êtres humains prédestinés dans la même mission qu'eux. Tel, on peut le lire dans le livre de l'**Apocalypse 22v8-9** :

'' C'est moi Jean, qui ai entendu et vu ces choses. Et quand j'eus entendu et vu, je tombai aux pieds de l'ange qui me les montrait, pour l'adorer. Mais il me dit : Garde-toi de le faire ! Je suis ton compagnon de service, et celui de tes frères les prophètes, et de ceux qui gardent les paroles de ce livre. Adore Dieu. ''

Et encore :

Voir **Apocalypse 19v9-10** : *" Et l'ange me dit : Écris : Heureux ceux qui sont appelés au festin de noces de l'agneau ! Et il me dit : Ces paroles sont les véritables paroles de Dieu. Et je tombai à ses pieds pour l'adorer ; mais il me dit : Garde-toi de le faire ! Je suis ton compagnon de service, et celui de tes frères qui ont le témoignage de Jésus. Adore Dieu. Car le témoignage de Jésus est l'esprit de la prophétie. "*

Les anges sont des esprits. Et, il y en a qui exercent ensemble avec des humains, des missions, dans des différents Ministères, pour le salut des âmes des fils et des filles du royaume de Dieu.

C'est pourquoi par exemple ; en ce qui concerne les cinq Ministères cités dans le livre des **Ephésiens 4v11** :

" Et il a donné les uns comme apôtres, les autres comme prophètes, les autres comme évangélistes, les autres comme pasteurs et docteurs. "

N.B : Ces cinq Ministères ne sont pas certainement les seuls peut-être. Mais tous ces Ministères sont exercés par des êtres humains en compagnie des anges. Car, sans être en compagnie d'un ange, aucun humain ne peut exercer un Ministère, et réussir, dans une mission quelconque de la part de Dieu.

Car aussi, il y a des choses que la nature de la chair ne peut saisir. Mais, l'esprit le peut. Mais, comme l'esprit de l'homme ne connait que les choses qui concernent l'homme ; comme il est écrit dans **1 Corinthiens 2v11** :

" Lequel des hommes, en effet, connaît les choses de l'homme, si ce n'est l'esprit de l'homme qui est en lui ? De même, personne ne connaît les choses de Dieu, si ce n'est l'Esprit de Dieu. "

Ainsi, les humains possédant une partie qui est spirituelle ; les anges peuvent entrer en contact avec eux, et évidement leur révéler les choses qu'on ne peut que connaître grâce à l'esprit, qui est un ange du Ministère.

Lorsqu'un Ministre se conduit en Esprit ; il ne pourra pas accomplir les choses de la chair. Car, les choses de l'Esprit sont différentes avec celles de la chair. Ainsi, il pourra bien travailler, en compagnie de l'ange de la mission ou l'ange du Ministère.

Voir **Galatie 5v5** : *" Car la chair (ou l'esprit de l'homme) a des désirs contraires à ceux de l'Esprit (ou l'ange qui est sous les directives du Saint-Esprit), et l'Esprit en a de contraires à ceux de la chair ; ils sont opposés entre eux, afin que vous ne fassiez point ce que vous voudriez. "*

N.B : Or, l'esprit de l'homme ; c'est son cœur ou sa pensée. C'est-à-dire ; son dedans. Et, il est clair que, c'est du dedans que viennent les choses bonnes et mauvaises. Mais, en ce qui concerne les choses mauvaises, on peut lire dans le livre de **Marc 7v21-23** :

" Car c'est du dedans, c'est du cœur des hommes, que sortent les mauvaises pensées, les adultères, les impudicités, les meurtres, les vols, les cupidités, les méchancetés, la fraude, le dérèglement, le regard envieux, la calomnie, l'orgueil, la folie. Toutes ces choses mauvaises sortent du dedans, et souillent l'homme. "

Et donc, lorsqu'un Ministre se conduit en esprit ; c'est-à-dire, par le Saint-Esprit en communion avec son esprit ; il ne se laissera plus être dominé par sa nature charnelle. Mais, le cas contraire, le Ministre est donc charnel. Or, être charnel ; c'est l'image de non repentir, et de non convertir. Alors le Ministre dans des cas pareils est encore païen. Cela n'est que possible, parce que, le Ministre naît Ministre. Il ne le devient point.
Pour cela, la repentance et la conversion sont des choses qui n'interviennent que par la suite. Et, donc, les Ministres charnels existent. Et, tout ce qu'ils font est au profit du diable.

REMARQUES TRES IMPORTANTES 12

Pour que les anges agissent ensemble avec les Ministres ; il y a dans les esprits de ces humains ; ce qu'on appelle par les dons du Saint-Esprit.
Mais en particulier, le don d'enseignement, et le don d'exhortation d'une part. Et, c'est grâce à ces dons que, les anges se mettent en contact, pour inspirer des paroles qui peuvent servir d'enseignements ou d'exhortation.

Voir **Romains 12v6-8** : '' *Puisque nous avons des dons différents, selon la grâce qui nous a été accordée, que celui qui a le don de prophétie l'exerce selon l'analogie de la foi ; que celui qui est appelé au ministère s'attache à son ministère ; que celui qui enseigne s'attache à son enseignement, et celui qui exhorte à l'exhortation. Que celui qui donne le fasse avec libéralité ; que celui qui préside le fasse avec zèle ; que celui qui pratique la miséricorde le fasse avec joie.* ''

Et, d'autres parts, les dons dont le Saint-Esprit transmet aux Ministres, afin de devenir capables d'exercer leurs Ministères sont les suivants :

Voir **1 Corinthiens 12v8-10** : '' *En effet, à l'un est donnée par l'Esprit une parole de sagesse ; à un autre, une parole de connaissance, selon le même Esprit ; à un autre, la foi, par le même Esprit ; à un autre, le don des guérisons, par le même Esprit ; à un autre, le don d'opérer des miracles ; à un autre, la prophétie ; à un autre, le discernement des esprits ; à un autre, la diversité des langues ; à un autre, l'interprétation des langues.* ''

Ainsi donc, les dons du Saint-Esprit beaucoup utiles pour l'exercice du Ministère de la Parole sont :

- Le don de l'enseignement

- Le don de l'exhortation

- Le don de la parole de connaissance

- Le don de la Foi

- Le don des guérisons

- Le don des miracles

- Le don de prophéties

- Le don de discernement des esprits

- La diversité des langues

- L'interprétation des langues.

N.B : Dieu place ces choses soit en partie, soit en totalité ; tout dépend de la grandeur et du poids de la mission à exercer ; dans l'esprit de l'être humain ; l'homme ou la femme. Et, c'est à partir de ces dons-là, que l'ange ou les anges des Ministères vont être en contact pour ainsi travailler ensemble avec le type d'être humain, selon son Ministère.

EXAMEN TRES IMPORTANT

L'être humain est tripartite. C'est-à-dire qu'il est composé d'un esprit, d'une âme et d'un corps ; comme on peut le lire dans le livre de **1 Thessaloniciens 5v23** :

" Que le Dieu de paix vous sanctifie lui-même tout entiers, et que tout votre être, l'esprit, l'âme et le corps, soit conservé irrépréhensible, lors de l'avènement de notre Seigneur Jésus-Christ ! "

Dieu étant Esprit, il a créé l'homme avec une partie qui est esprit. Et, c'est par là, qu'il peut communier avec lui, ou se placer au-dedans du corps de l'homme.
Et cela, à partir de son Esprit, lequel est disponible et capable de le représenter partout, en un seul instant. Et ainsi, par le truchement de ses anges, il peut envoyer les anges traiter avec les humains par le même moyen. C'est-à-dire, par le moyen de l'esprit de celui-ci.

N.B : Satan le diable, et ses démons, profitent de l'homme aussi, par le même moyen, s'ils peuvent en avoir l'opportunité. Car, eux n'ont pour les humains, qu'un sal destin.

Or, en esprit ; il n'y a point comme chez des corps physiques ; des êtres mâles et êtres femelles. C'est pourquoi ; au commencement, il n'y avait point l'homme et la femme ; mais, tous deux étaient Homme.

Voir **Genèse 5v2** : *" Il créa l'homme et la femme (**deux êtres**), il les bénit, et il les appela du nom d'homme, lorsqu'ils furent créés. "*

Dans ce passage ; homme qui y est cité n'est pas au pluriel, mais au singulier. Ainsi, on peut déjà comprendre qu'il s'agit d'un, et non de deux. C'est pour dire qu'en esprit ; il n'y a point d'êtres femelles ou d'êtres mâles. Seuls des esprits. Car, on n'a jamais lu dans la Bible ; un ange féminin, ni un ange masculin. Alors, les anges sont asexués.

Or, si les anges avaient des sexes ; ils auraient eu des couples mâles et femelles. Et, ils auraient eu ainsi des enfants.
Nous en avons pour preuves, lorsque l'Eternel Dieu envoya des anges au temps de Noé, dans le monde ; les ayant incarnés ; ceux-ci tombèrent amoureux des filles des hommes. Et, ils eurent des enfants avec celles-ci. Et cela, sans contredit ; l'était parce qu'ils avaient eu des sexes.

Or, si depuis toujours, les anges pourraient détenir des corps portants des sexes : Mâles et femelles ; on aurait dû connaître, les noms de leurs femmes, ou encore, celui de leurs enfants. Puisqu'ici, ces choses ne sont point cachées. Et, dans la chair ; ces anges commirent des dégâts, tel qui ne s'est jamais commises sur la terre. Voilà donc, le fait d'avoir porté la chair humaine, où est-ce que cela leur conduira.

Voir **Genèse 6v1-5** : " *Lorsque les hommes eurent commencé à se multiplier sur la face de la terre, et que des filles leur furent nées, <u>les fils de Dieu</u> (les anges de Dieu incarnés) <u>virent que les filles des hommes étaient belles, et ils en prirent pour femmes parmi toutes celles qu'ils choisirent</u>. Alors l'Éternel dit : Mon esprit ne restera pas à toujours dans l'homme, car l'homme n'est que chair, et ses jours seront de cent vingt ans. <u>Les géants étaient sur la terre en ces temps-là, après que les fils de Dieu furent venus vers les filles des hommes, et qu'elles leur eurent donné des enfants</u> : ce sont ces héros qui furent fameux dans l'antiquité. L'Éternel vit que la méchanceté des hommes était grande sur la terre, et que toutes les pensées de leur cœur se portaient chaque jour uniquement vers le mal.* "

Il est donc clair que, les esprits n'ont pas de sexes. Et aussi, lorsqu'on parle de l'esprit ; il n'y a point de problème de sexes.

Voir **Galates 3v27-28** : " *<u>vous tous, qui avez été baptisés en Christ, vous avez revêtu Christ. Il n'y a plus ni Juif ni Grec, il n'y a plus ni esclave ni libre, <u>il n'y a plus ni homme ni femme</u> ; car tous vous êtes un en Jésus-Christ.* "

Il est donc important de savoir qu'en esprit, il n'y a point des races (ou couleurs de la peau), il n'y a pas de question des Etats, des tribus, des ethnies, de celui qui est riche ou de celui qui est pauvre ou démuni, etc.

Voir **Galates 3v27-28** : " *vous tous, qui avez été baptisés en Christ, vous avez revêtu Christ. <u>Il n'y a plus ni Juif ni Grec</u>, il n'y a plus ni esclave ni libre, il n'y a plus ni homme ni femme ; car tous vous êtes un en Jésus-Christ.* "

Il n'y a non plus, de problème de supériorité, de commandement, des titres, de domination, etc.

Voir **Galates 3v27-28** : " *<u>vous tous, qui avez été baptisés en Christ, vous avez revêtu Christ. Il n'y a plus ni Juif ni Grec, <u>il n'y a plus ni esclave ni libre</u>, il n'y a plus ni homme ni femme ; car tous vous êtes un en Jésus-Christ.* "

N.B : C'est pourquoi, dans les assemblées de l'Eglise par exemple ; lorsque, les hommes et les femmes ont des têtes dans les mêmes conditions ; c'est-à-dire, non couvertes ; ils mettent les anges dans un état de confusion profonde.

Cette façon d'être, au sein des assemblées de l'Eglise sur la terre, emmène des confusions au niveau du fonctionnement des anges de la mission ou du Ministère. Car, ils n'arrivent pas à distinguer les êtres femelles des êtres mâles.

Car, ils n'arriveront plus à distinguer les mâles des femelles. C'est pour cela que, les anges pour distinguer les mâles des femelles ; les femelles doivent couvrir leurs têtes.

Voir **1 Corinthiens 11v10** : " *C'est pourquoi <u>la femme, à cause des anges, doit avoir sur la tête une marque de l'autorité dont elle dépend</u>.* "

Qu'elle soit mariée ou non ; elle doit porter une marque permettant aux anges de voir dans leurs pensées, la présence de la connaissance du fait qu'en présence d'esprit, elles ont la notion de la tête couverte, comme signe d'être une épouse, ou une future épouse.

Car, dans le Seigneur, toute femme a un mari, et tout homme a une femme.

Seulement, à cause du diable qui sème la contradiction partout, et du temps d'ignorance ; c'est là, où, la pagaille se créée. Celle-ci, ou celui-ci de Dieu, devient la femme, ou l'époux de celui ou de celle du diable.

Les filles du diable viennent dans l'Eglise, et prennent pour des hommes, les fils du royaume. Et, les fils du diable, eux, prennent pour des femmes, les filles du royaume. Dans cette incompréhension totale ; certains fils et filles du royaume, de leur côté aussi, par manque de discernement, ou par simplement, une convoitise ou une séduction corporelle ; partent admirer ceux du malin. Ainsi, cela porte un déséquilibre, dans la mesure où, si plus de ceux du royaume, sont occupés par ceux du malin ; il se ferait qu'il y ait comme des manquements au sein de la famille de Dieu ! Et, comme, les fils et les filles du diable, sont plus nombreux que ceux du royaume ; il se manifeste comme si, il y a plus des femmes que des hommes, dans la maison de Dieu.

Dans le monde et sur la terre ; oui ! Il y a plus des femmes que des hommes !

Mais, en ce qui concerne les fils et les filles du royaume ; ils sont complets. Un homme pour une femme, et une femme pour un homme.

Dieu est tellement bien organisé, qu'il ne peut laisser ses enfants vivre dans le désordre. Ce faisant ; le diable, lequel est désordonné, fout la merde partout. Chez lui, plus des femmes, moins des hommes.

Dieu est un Dieu d'ordre ; comme, il est écrit dans **1 Corinthiens 14v33** :

" car _Dieu n'est pas un Dieu de désordre_, mais de paix. Comme dans toutes les Églises des saints. "

Ainsi, dans le Seigneur ; les fils du royaume ont bel et bien leurs femmes ; et les filles du royaume ont bel et bien leurs maris. Cela fut bien ordonnée par le Créateur lui-même.

Voir **1 Corinthiens 11v11** : " Toutefois, _dans le Seigneur, la femme n'est point sans l'homme, ni l'homme sans la femme_. "

A la résurrection des morts ; tandis que, nulle aura encore le corps physique ; en esprit ; il n'y aura plus des êtres mâles ni des êtres femelles. Car, ils n'auront plus de corps physiques ; ils ne pourront plus donc avoir des enfants. Car, ils seront semblables aux anges. C'est ainsi que, ce passage qui sera lu, confirme également que les anges ne sont ni mâles ni femelles.

Voir **Luc 20v35-36** : " _mais ceux qui seront trouvés dignes d'avoir part au siècle à venir et à la résurrection des morts ne prendront ni femmes ni maris_. Car ils ne pourront plus mourir, _parce qu'ils seront semblables aux anges_, et qu'ils seront fils de Dieu, étant fils de la résurrection. "

Et aussi :

Voir **Esaïe 65v23** : *" Ils ne travailleront pas en vain, et <u>ils n'auront pas des enfants pour les voir périr</u> ; car ils formeront une race bénie de l'Éternel, et leurs enfants seront avec eux. "*

Le service sacré est un service qui se fait par des êtres physiques et des êtres spirituels. Ainsi, dans leur communion, dans le travail ; il faudrait que, du côté de l'être humain ou l'être physique, que les désirs de la chair soient remplacés par les désirs de l'Esprit. Car, il est écrit dans le livre des **Galates 5v16** :

" Je dis donc : <u>Marchez selon l'Esprit, et vous n'accomplirez pas les désirs de la chair</u>. "

Ainsi, comme on avait déjà vu plus haut, ce que s'est les désirs de la chair ; pour l'exercice des fonctions du Ministère ; pour que la communion, sans distinction de sexes soient spirituellement constatée ; il faudrait que l'on puisse mettre fin aux désirs de la chair. Et, comme ce sont les êtres mâles et les êtres femelles qui observent ces mêmes choses ; ainsi, dans la chair, ils sont différents. Mais, en abandonnant les œuvres de la chair ; ils ne sont plus différents. Et, cela, tel qu'il est écrit dans le livre des **Galates 3v28** :

" Il n'y a plus ni Juif ni Grec, il n'y a plus ni esclave ni libre, <u>il n'y a plus ni homme ni femme</u> ; car tous vous êtes un en Jésus-Christ. "

N.B : Sur les bases qui viennent d'être évoquées ; les anges, en ce qui concerne la collaboration avec les êtres humains qui sont en Christ, ils ne les voient plus comme des personnes aux sexes différents ; mais, des êtres qui n'ont pas de sexes. Et, pour ceux qui ont des Ministères ; leur mission est celle qui consiste à sauver les âmes des êtres humains. Et cela, au travers de l'enseignement ou des exhortations par les messages du royaume des cieux ; lequel représente la parole de Christ, ou parole de Dieu.

Mais, le diable étant précipité avec ses anges sur la terre. Les démons ou mauvais esprits ; ils sont venus avec leurs enseignements. Ainsi, d'autres parts ; ils encouragent l'apport des femmes dans le service sacré, afin d'introduire leurs servantes.

Et, d'autres parts, ils découragent cet apport, afin de réduire à l'inférieure le nombre des servantes véritables du royaume des cieux, dans l'exercice de leurs Ministères. Et, cela dans le but de retarder la croissance du royaume de Dieu qui fera que la fin du monde, et la fin qui les conduira tous dans le feu éternel ne soit accomplie en temps réel.

Ainsi donc, on se retrouve dans le terrain avec beaucoup de serviteurs des dieux ; lesquels augmentent graduellement et fortement, le nombre des serviteurs se passant de ceux du vrai Dieu, mais qui ne font ni ne connaissent faire le travail de ce Dieu. Et, ce sont beaucoup plus ces gens-là qui servent de façon non conforme, soit disant le Créateur. Tandis que, ses vraies servantes, Satan le diable avec ses démons, les ont envoyés dans la prison des ménages, des foyers, etc. éloigné des obligations spirituelles.

N.B : Si l'on veut bien comprendre, la mission de ces fils et filles du malin dans l'Eglise du Seigneur : Ils viennent prendre en mariage des filles servantes de Dieu, et les fils serviteurs de Dieu ; sachant ou non, que ceux-ci sont de Dieu, mais Satan et ses anges démoniaques, le savent très bien. Ainsi, ils peuvent pousser les leurs de créer une quelconque relation amoureuse avec ceux du royaume de Dieu, dans le but de contrecarrer l'exercice par ceux-ci, ou celles-ci, du Ministère de la parole qui est en eux, ou une disposition quelconque, qui se retrouverait en eux, laquelle pourrait leur permetre de servir le Dieu vivant. Et au finish, les orienter vers ce qui n'est pas de Dieu, ou ce qui est moins important, ou presque inutile.

Alors, les Eglises évoluent en durée de temps, avec beaucoup de manquements, et d'incompétences dans le service sacré. Car, ceux qui se nomment de Dieu, n'ont ni savoir, ni compétence céleste, pour exercer la vraie mission ou la vraie vision de l'Eglise. Ainsi, à la place des vrais serviteurs et servantes de Dieu ; les faux ont remplacé.
Voilà pourquoi, il est dit que dans les derniers temps, ils se manifesteront grâce aux capacités que leur transmettront Satan le diable, afin d'accomplir pour lui, une mission. Voir, par exemple, dans le livre de **2 Thessaloniciens 2v9,7,8** :

'' <u>L'apparition de cet impie se fera, par la puissance de Satan</u>, avec toutes sortes de miracles, de signes et de prodiges mensongers, car le mystère de l'iniquité agit déjà ; <u>il faut seulement que celui qui le retient encore ait disparu</u>. Et alors paraîtra l'impie, que le Seigneur Jésus détruira par le souffle de sa bouche, et qu'il anéantira par l'éclat de son avènement. ''

En effet, Satan avec ses démons le savent très bien, qu'ils n'ont pas beaucoup de temps, pour continuer à demeurer dans la liberté. Et, personne ne peut le leur apprendre. Car, ils le savent suffisamment plus qu'aucune autre créature. Voir :

- **Apocalypse 12v12** : *'' C'est pourquoi réjouissez-vous, cieux, et vous qui habitez dans les cieux. Malheur à la terre et à la mer ! car <u>le diable est descendu vers vous, animé d'une grande colère, sachant qu'il a peu de temps</u>. ''*

Et encore :

- **Matthieu 8v28-29** : *'' Lorsqu'il fut à l'autre bord, dans le pays des Gadaréniens, <u>deux démoniaques, sortant des sépulcres, vinrent au-devant de lui</u>. Ils étaient si furieux que personne n'osait passer par là. Et voici, <u>ils s'écrièrent : Qu'y a-t-il entre nous et toi, Fils de Dieu ? Es-tu venu ici pour nous tourmenter avant le temps ?</u> ''*

Le lieu que Satan le diable et les démons ont peur ; c'est celui-là qui est mentionné dans le livre de **Matthieu 25v41** :

'' Ensuite il dira à ceux qui seront à sa gauche : Retirez-vous de moi, maudits ; allez dans <u>le feu éternel qui a été préparé pour le diable et pour ses anges</u>. Car j'ai eu faim, et vous ne m'avez pas donné à manger ; j'ai eu soif, et vous ne m'avez pas donné à boire. ''

Sur le terrain ; il y a des faux prédicateurs dont les auteurs : ce sont : Satan le diable et les autres démons.

Voir **1 Timothée 4v1** : *'' Mais l'Esprit dit expressément que, dans les derniers temps, <u>quelques-uns abandonneront la foi, pour s'attacher à des esprits séducteurs</u> et <u>à des doctrines de démons</u>. ''*

N.B : Les démons ne peuvent pas donner aux êtres humains, des enseignements qui pourront détruire les-leurs, au bénéfice de ceux de Dieu ; si non que des messages de distraction. Car, les mauvais savent pertinemment, que les fils et les filles du malin sont répulsifs à la parole de Dieu. Mais, sont admis à la contradiction de cette parole. Ainsi, parler de la vraie parole ; c'est aidé ceux du royaume à se retrouver. Tandis que, parler de la fausse parole, permet à ceux du royaume de se perdre, ou de demeurer dans la perdition.

LE PARALLELISME MINISTERIEL

Lorsqu'on parle du parallélisme Ministériel ; il s'agit là, d'une comparaison à faire entre les Ministères dans l'Ancienne Alliance et celui dans la Nouvelle Alliance, en ce qui concerne le service sacré.

Dans l'Ancienne Alliance ; en ce qui concerne le Ministère de la Parole ; il en avait qu'un seul : **Le Ministère des Prophètes**. Et, les Prophètes ; ce sont les êtres humains. Mais, le même Ministère était aussi exercé aussi bien par les femmes que par les hommes. Et donc, en ce qui concerne les femmes : C'est **le Ministère des Prophétesses**.

Maintenant ; dans la Nouvelle Alliance, le Ministère, en ce qui concerne les Ministres ; les Ministères cités dans leur globalité ; c'est au nombre de cinq (5) ; il s'agit : Des Apôtres, des Prophètes, des Evangélistes, des Pasteurs et des Docteurs.
Ainsi, de la même manière que, les choses sont présentées dans l'Ancienne Alliance ; et comme, c'est le service sacré, et, les mêmes Ministères ; donc, les femmes aussi seront obligées d'être appelées selon le français ou selon d'autres langues, en féminin, bien qu'en esprit, elles ne soient pas des féminins. Ainsi :

- **Pasteurs** hommes ; **Pasteurs** femmes

- **Prophètes** hommes ; **Prophétesses** femmes

- **Apôtres** hommes ; **Apôtres** femmes

- **Evangélistes** hommes ; **Evangélistes** femmes

- **Docteurs** hommes ; **Docteurs** femmes.

N.B : Tout comme, il était dit en amant ; ces noms de Ministères ne suffisent pas forcement. Il se peut qu'en dehors des Ecritures, d'autres appellations avec le temps, finiront par voir le jour ; dans le besoin, et selon la souveraineté de notre Dieu.

Ainsi donc, ayant examiné pratiquement tous les contours au sujet du service sacré, et au sujet de ceux qui l'exercent ; on peut alors aborder la question sur chacun de ces Ministères, tels que cités dans la Bible, de façon particulière.

Toutefois, l'on doit comprendre ; que, par la Nouvelle Alliance, on vient de citer aussi, de manière pas trop détaillée ; les autres formes de sacerdoces :

On a parlé du nouveau sacerdoce ; des faux ministres, ou les ministres de Satan le diable, qui se passent de ceux du vrai Dieu.

LE MINISTERE DES APÔTRES

L'apôtre est une appellation crée par le Seigneur Jésus-Christ. Il désignait par cela, des disciples qu'il s'était choisi, pour être enrôlés dans le service sacré.

Ainsi, l'apôtre veut dire : Envoyé de loin.

En effet, il les envoyait dans les endroits où, lui-même devait se rendre.

Voir **Luc 6v12-13** : '' *En ce temps-là, Jésus se rendit sur la montagne pour prier, et il passa toute la nuit à prier Dieu. Quand le jour parut, il appela ses disciples, et il en choisit douze, auxquels il donna le nom d'apôtres.* ''

Les douze apôtres choisis ; ce sont : Voir **Matthieu 10v2-4** : '' *Voici les noms des douze apôtres. Le premier, Simon appelé Pierre, et André, son frère ; Jacques, fils de Zébédée, et Jean, son frère ; Philippe, et Barthélemy ; Thomas, et Matthieu, le publicain ; Jacques, fils d'Alphée, et Thaddée ; Simon le Cananite, et Judas l'Iscariot, celui qui livra Jésus.* ''

LA MISSION DES DOUZES

Les douze devaient aller annoncer le royaume de Dieu. Ils avaient avec eux, le message du royaume de Dieu, selon que le Seigneur lui-même, le leur avait enseigné. Lequel des messages emmènerait les humains à la repentance, et à la conversion ; une fois, après l'avoir écouté. Ils avaient avec eux également le pouvoir de faire ou d'accomplir les miracles de toutes sortes. Car, le Ministère marche souvent, selon la mission, avec une force spirituelle extraordinaire, susceptible de produire des grands et étonnants effets, dans le milieu des humains qui sont possédés par des forces de ténèbres, ou forces spirituelles maléfiques.

Voir **Matthieu 10v7-8** : '' *Allez, prêchez, et dites : Le royaume des cieux est proche. Guérissez les malades, ressuscitez les morts, purifiez les lépreux, chassez les démons. Vous avez reçu gratuitement, donnez gratuitement.* ''

Ils ne partaient pas accomplir leur mission n'importe où ! Car, ils étaient orientés envers ceux qui avaient nécessairement besoin du salut. Et, ceux-là, le Seigneur les connaissait. On ne fait pas l'œuvre de Dieu, par pures imaginations ou par hasard. Dieu est un Dieu d'ordre ; c'est ce que tout autre ne doit jamais oublier.

Ainsi, ils partaient vers les brebis perdues de la maison d'Israël. Alors, pas chez les païens, ni chez les Samaritains.

Voir **Matthieu 10v5-6** : '' *Tels sont les douze que Jésus envoya, après leur avoir donné les instructions suivantes : N'allez pas vers les païens, et n'entrez pas dans les villes des Samaritains ; allez plutôt vers les brebis perdues de la maison d'Israël.* ''

Ils ne partaient pas en mission, en désordre. Ils savaient où aller, et qui leur étaient utiles. Or, qui sont ces brebis perdues de la maison d'Israël, auprès des quelles, devaient-ils se rendre ?

LES BREBIS PERDUES DE LA MAISON D'ISRAËL

La maison d'Israël ; c'est la nation d'Israël. Et, la question qu'il faudrait se poser, c'est celle qui consisterait à savoir : Qui est Israël ?

Réponse : Le nom Israël a été pour la première fois employé dans la Bible, en faisant allusion à Jacob, fils d'Isaac, frère jumeau d'Esaü, descendants d'Abraham.

Voir **Genèse 32v28** : *" Il dit encore : <u>ton nom ne sera plus Jacob, mais tu seras appelé Israël ;</u> car tu as lutté avec Dieu et avec des hommes, et tu as été vainqueur. "*

Mais avec le temps, le vrai propriétaire de ce nom sera connu. Car, pour Jacob ; ce n'est qu'un surnom. Mais pour son propriétaire ; un nom. Et c'est qui se verra.

Dans la prophétie annoncée par le Prophète Osée ; il est dit :

Voir **Osée 12v1** : *" Quand <u>Israël était jeune</u>, je l'aimais, et <u>j'appelai mon fils hors d'Égypte</u>. "*

La question à poser de nouveau est celle-ci : A qui s'adresse cette prophétie ?

La réponse : Voir dans le livre de **Matthieu 2v13-15** :

" Lorsqu'ils furent partis, voici, <u>un ange du Seigneur apparut en songe à Joseph, et dit : Lève-toi, prends le petit enfant et sa mère, fuis en Égypte, et restes-y jusqu'à ce que je te parle</u> ; car Hérode cherchera le petit enfant pour le faire périr. Joseph se leva, prit de nuit le petit enfant et sa mère, et se retira en Égypte. <u>Il y resta jusqu'à la mort d'Hérode, afin que s'accomplît ce que le Seigneur avait annoncé par le prophète : J'ai appelé mon fils hors d'Égypte</u>. "

Ce passage de Matthieu montre un petit enfant nommé Israël. Et, Joseph ni Marie, n'étaient ce petit enfant. Il s'agit donc bien de l'enfant Jésus. Ainsi, il est clair désormais, que Israël ; c'est le nom propre de Jésus-Christ. Tandis que pour Jacob ; c'est un surnom.

Le Christ a-t-il une nation qui lui appartient ?

La réponse : Oui !

Le jour de sa Crucifixion ; Ponce Pilate lui demanda : Es-tu roi ?

Le Seigneur lui répondit : Tu l'as dit !

Voir **Jean 12v14-15** : *" <u>Jésus trouva un ânon, et s'assit dessus</u>, selon ce qui est écrit : Ne crains point, fille de Sion ; voici, <u>ton roi vient, assis sur le petit d'une ânesse</u>. "*

Et aussi :

Voir **Jean 18v33-37** : *" <u>Pilate</u> rentra dans le prétoire, <u>appela Jésus, et lui dit : Es-tu le roi des Juifs</u> ? Jésus répondit : Est-ce de toi-même que tu dis cela, ou d'autres te l'ont-ils dit de moi ? Pilate répondit : Moi, suis-je Juif ? Ta nation et les principaux sacrificateurs t'ont livré à moi : qu'as-tu fait ? <u>Mon royaume n'est pas de ce monde</u>, répondit Jésus. Si mon royaume était de ce monde, mes serviteurs auraient combattu pour moi afin que je ne fusse pas livré aux Juifs ; mais maintenant mon royaume n'est point d'ici-bas. Pilate lui dit : Tu es donc roi ? Jésus répondit : <u>Tu le dis, je suis roi</u>. Je suis né et je suis venu dans le monde pour rendre témoignage à la vérité. Quiconque est de la vérité écoute ma voix. "*

Alors, il est encore clair, que le Seigneur Jésus-Christ est Roi !
Et, étant Roi, il a donc un royaume, une nation, et un peuple !

Quelque part, le Seigneur répondit à Pilate : « **Mon royaume n'est pas de ce monde** ». Ainsi, son peuple aussi ne doit certainement point être de ce monde.

Ainsi, sans trop chercher à réfléchir là-dessus ; il est donc clair, qu'il était ici sur la terre, pour chercher son peuple. D'où l'expression : « **Brebis perdues** ».

Et donc, la mission confiée à ses apôtres consistait à retrouver les brebis perdues. Mais, ceux de sa nation, laquelle est dans le ciel. Afin de les faire retourner dans leur nation.

REMARQUES TRES IMPORTANTES 13

Lorsque l'on parle des brebis perdues de la maison d'Israël ; il ne s'agit point, et ne s'agira point du peuple d'Israël du Moyen-Orient. Car, ces enfants dit, d'Israël se trouvaient bel et bien, dans leur propre territoire, lorsque le Seigneur envoya les disciples, en disant : « **N'allez point .... Mais allez plutôt vers les brebis perdues de la maison d'Israël !** »
Cependant, les enfants d'Israël étaient chez eux, dans leur propre territoire.
Mais, ceux-ci ne sont plus dans leur territoire. Ils ne sont pas dans leur monde.
Alors, on peut bien comprendre, qu'il ne s'agit pas des Israelites du Moyen-Orient. Mais du vrai peuple de Dieu ; des fils et des filles du royaume de Dieu qui se trouvent dans ce monde, ensemble avec les fils et les filles du malin dans les mêmes choses. Et, c'est ce peuple qui constitue, ce qu'on appelle : « Eglise ».

Le tout est maintenant clair. Alors, il faudrait examiner aussi quelque chose, en ce qui concerne les fils d'Abraham. Ainsi, une question pertinente devra être posée :

Qui sont fils ou filles d'Abraham ?

La réponse : Ce ne sont pas tous ceux qui descendent de lui, ou tous ceux qui sont nés de lui.

Voir **Romains 9v7** : *" et, <u>pour être la postérité d'Abraham</u>, <u>ils ne sont pas tous ses enfants</u> ; mais il est dit : En Isaac <u>sera nommée</u> pour toi une postérité. "*

On n'est pas donc fils ou filles d'Abraham par naissance, mais par nomination. Ainsi, la nomination n'a rien à avoir avec la naissance biologique. La nomination est un problème qui est lié à l'élection. Donc un problème spirituel.

Et donc, on peut lire dans l'épître aux Galates ce qui suit :

Galates 3v7 : *" reconnaissez donc que <u>ce sont ceux qui ont la foi qui sont fils d'Abraham</u>. "*

Or, cette foi, consiste à croire en Jésus-Christ ! Alors, il est simple de se demander : Tous les Juifs croient-ils en Jésus-Christ, comme leur Seigneur et leur Sauveur ?

La réponse à cette question pourra déterminer réellement, dans la foi en Jésus-Christ, lesquels sont enfants d'Abraham. Ainsi, on pourra également savoir ; à qui sont destinées les promesses faites à Abraham !

Car, les enfants de Dieu, ou peuple de Dieu, pour l'être, il faut croire en Jésus-Christ.

Voir **Galates 3v26** : *" Car <u>vous êtes tous fils de Dieu par la foi en Jésus-Christ</u>. "*

On ne doit pas passer tout le temps là-dessus, car, **il y a des manuscrits qui en parlent profondément**. Ainsi, on peut poursuivre l'enseignement sur le Ministère apostolique.

LE FONCTIONNEMENT DU MINISTERE APOSTOLIQUE

L'apôtre est une personne qui a pour mission ; de mettre le fondement sur lequel doit être érigé l'édifice spirituelle, qui est le corps de Christ. Son message de fondement est évangélique.

Voir **Ephésiens 2v20** : *" Vous avez été édifiés sur le fondement des apôtres et des prophètes, Jésus-Christ lui-même étant la pierre angulaire. "*

Dans la construction ou l'édification du corps de Christ ; il est l'architecte. C'est-à-dire ; il conçoit, ou, le Ministère conçoit au travers de lui, un plan selon les mesures de la stature parfaite de Christ ; et, il pose le fondement évangélique de façon à être imprimé dans l'esprit des croyants.

Voir **Ephésiens 4v13-14** : *" jusqu'à ce que nous soyons tous parvenus à l'unité de la foi et de la connaissance du Fils de Dieu, à l'état d'homme fait, à la mesure de la stature parfaite de Christ, afin que nous ne soyons plus des enfants, flottants et emportés à tout vent de doctrine, par la tromperie des hommes, par leur ruse dans les moyens de séduction. "*

Et aussi :

Voir **1 Corinthiens 3v10** : *" Selon la grâce de Dieu qui m'a été donnée, j'ai posé le fondement comme un sage architecte, et un autre bâtit dessus. Mais que chacun prenne garde à la manière dont il bâtit dessus. "*

EN RESUME

Le corps de Christ est comme une maison qui devrait être construite. Et parmi les ouvriers ; il y a l'apôtre. Celui-ci joue le rôle de l'Architecte. Or, la construction comporte deux niveaux :

- **L'homme qui doit être édifié.**

- **L'ensemble des hommes qui sont édifiés.**

Ainsi donc, l'apôtre pose le fondement évangélique dans la vie du croyant. Et celui-ci devient stable dans sa foi en Jésus-Christ. Car le travail exige l'exposition intégrale de l'évangile. C'est-à-dire la repentance envers Dieu, et la foi en Jésus-Christ.
Alors, l'apôtre est tenu de ne rien omettre pour cela, de ce qui est utile, pour un fondement. Ce qu'il faudrait retenir en bref est ceci :

- **Rien ne devait être caché, de ce qui était utile aux croyants**. Alors, dans ce cas ; l'apôtre doit être une personne qui détient suffisamment de la connaissance sur la foi en Jésus-Christ.

- **La parole devait être prêchée sans crainte.**

- **Donner publiquement des enseignements**. Dans le cas ici ; l'apôtre doit être rempli de l'Esprit ; habité par le souci de voir tout le monde connaître Christ. Il doit donc être animé d'un grand courage, ou d'un grand zèle, ce qui lui permettra d'annoncer le Christ dans les lieux publics sans problème.

- **Donner des enseignements dans des maisons**. Il doit être ami, parents, famille de tous, afin de pouvoir être accepté chez tous, par tous. Il doit faire son travail, en s'approchant de tous.

Tel, il est écrit dans **Actes 20v20-21** : " *Vous savez que <u>je n'ai rien caché de ce qui vous était utile, et que je n'ai pas craint de vous prêcher et de vous enseigner publiquement et dans les maisons, annonçant aux Juifs et aux Grecs la repentance envers Dieu et la foi en notre Seigneur Jésus-Christ.</u>* "

Enfin, l'apôtre devrait travailler en ce qui concerne l'unité du corps de Christ, car c'est cela la prière du Seigneur Jésus-Christ, avant sa crucifixion. L'unité du corps est un devoir sacré pour l'apôtre. Voir :

- **Jean 17v11** : " *Je ne suis plus dans le monde, et ils sont dans le monde, et je vais à toi. Père saint, <u>gardes en ton nom ceux que tu m'as donnés, afin qu'ils soient un comme nous.</u>* "

Et, il travaille dans l'édification du corps de Christ :

- Voir **Ephésiens 4v12-13** : " *pour le perfectionnement des saints en vue de l'œuvre du ministère et de l'édification du corps de Christ, <u>jusqu'à ce que nous soyons tous parvenus à l'unité de la foi et de la connaissance du Fils de Dieu, à l'état d'homme fait, à la mesure de la stature parfaite de Christ.</u>* "

N.B : L'apôtre travaille dans l'enseignement, et dans l'exhortation, sous le plan évangélique. Et, son travail ne vient pas de lui-même ; c'est l'esprit d'apôtre qui le fait en lui. Ainsi, il ne peut ni se forcer, ni chercher comment le faire.
Le Ministère se manifeste, et les autres serviteurs approuvent. Car, si quelqu'un a ce Ministère ; ce Ministère va de lui-même se dessiner au travers des œuvres apostoliques.

REMARQUES TRES IMPORTANTES 14

Plusieurs personnes pensent que, le travail de l'apôtre ; c'est celui d'ouvrir des Eglises locales. Ainsi, lorsqu'une personne pourrait ouvrir une ou deux extensions des Eglises locales ; elle pense qu'elle est donc par ce fait, un apôtre. C'est faux !
Car, si l'on veut bien considérer les apôtres du Seigneur ; ils n'étaient pas appelés apôtres, pour le fait d'avoir ouvert des extensions d'Eglises locales. Mais, d'après le travail qu'ils avaient été commandés de faire, ou qu'ils avaient à faire ; ils étaient reconnus d'apôtres de Christ.

Le Seigneur appela ses disciples apôtres, alors qu'ils n'avaient pas encore, ouvert d'Eglises locale, et, le Saint-Esprit n'était pas encore donné aux disciples, ou aux apôtres. Donc, cette affaire d'appellation ne concerne aucunement l'ouverture ou non d'une extension d'Eglise locale.

Voir **Luc 6v12-16** : " *<u>En ce temps-là, Jésus se rendit sur la montagne pour prier, et il passa toute la nuit à prier Dieu. Quand le jour parut, il appela ses disciples, et il en choisit douze, auxquels il donna le nom d'apôtres</u> : Simon, qu'il nomma Pierre ; André, son frère ; Jacques ; Jean ; Philippe ; Barthélemy ; Matthieu ; Thomas ; Jacques, fils d'Alphée ; Simon, appelé le zélote ; Jude, fils de Jacques ; et Judas Iscariot, qui devint traître.* "

En outre, ils y avaient des apôtres qui n'avaient ouvert aucune extension ; telles que des Eglises locales. Et, si c'est à cause des ouvertures d'Eglises, alors, ceux-ci ne furent point donc apôtres !

Judas Iscariot qui était nommé apôtre, quel Eglise avait-il ouvert ?
Et bien d'autres ?

LE MINISERE DES PROPHETES

Prophète vient de prophétie. La prophétie ; c'est le message reçu de Dieu. Et, le message prophétique annonce soit un avenir, soit apporte de la lumière sur des faits passés, présents ou futures.

Voir **2 Pierre 1v19** : " *Et nous tenons pour d'autant plus certaine la parole prophétique, à laquelle vous faites bien de prêter attention, comme à une lampe qui brille dans un lieu obscur, jusqu'à ce que le jour vienne à paraître et que l'étoile du matin se lève dans vos cœurs.* "

Et, la personne qui prophétise ; c'est le prophète. C'est lui qui annonce de la part de Dieu, un message.

Voir **Deutéronome 18v20** : " *Mais le prophète qui aura l'audace de dire en mon nom une parole que je ne lui aurai point commandé de dire, ou qui parlera au nom d'autres dieux, ce prophète-là sera puni de mort.* "

N.B : La prophétie dont il est question ici, il s'agit de celle des Saintes-Ecritures. Et, c'est elle qui annonce les révélations qui en découlent. Elle ne se fait pas par la personne elle-même. Il est d'ailleurs interdit, de donner l'interprétation de la prophétie des Ecritures de façon charnelle.

Voir **2 Pierre 1v20-21** : " *sachant tout d'abord vous-mêmes qu'aucune prophétie de l'Écriture ne peut être un objet d'interprétation particulière, car ce n'est pas par une volonté d'homme qu'une prophétie a jamais été apportée, mais c'est poussés par le Saint-Esprit que des hommes ont parlé de la part de Dieu.* "

Les Saintes-Ecritures se divisent en deux grandes parties : La parole évangélique, et la parole prophétique.

REMARQUES TRES IMPORTANTES 15

La manifestation des prophètes dans la Bible ne se fait pas de façon chronologique ou encore hiérarchique. La manifestation de l'exercice d'un prophète n'est pas obligatoirement annoncée d'avance. Car, **il y a eu bien de prophètes dans la Bible. Mais leurs venues dans le monde n'ont jamais été prédites**. Ainsi, les venues par exemples de Noé, d'Abraham, de Moïse, d'Elie, etc. N'avaient jamais été prédites. Et, il n'y a pas eu sur la terre, des prophètes dits : « **Prophètes Majeurs** » ou « **Prophètes Supérieurs** » par-rapport à d'autres. Tout prophète est Ministre de Dieu. Il est chargé d'une mission quelconque pour laquelle, il devra rendre compte, un jour devant Dieu.

C'est pourquoi, on pourra constater ; au temps où, Esaïe fut Prophète, et étant en plein service ; il ne fut pas le seul Prophète.

Voir **Esaïe 1v1** : *'' Prophétie d'Ésaïe, fils d'Amots, sur Juda et Jérusalem, au temps d'<u>Ozias</u>, de <u>Jotham</u>, d'<u>Achaz</u>, d'<u>Ézéchias</u>, rois de Juda. ''*

N.B : Lorsque, Esaïe apportait ses prophéties sur Juda et Jérusalem ; les rois qui avaient vécu au trône en ces temps-là étaient : **Ozias, Jotham, Achaz, Ezéchias**.

Osée fut lui aussi Prophète, en exercice, au même moment qu'Esaïe ; pendant les règnes des mêmes rois.

Voir **Osée 1v1** : *'' La parole de l'Éternel qui fut adressée à Osée, fils de Beéri, au temps d'<u>Ozias</u>, de <u>Jotham</u>, d'<u>Achaz</u>, d'<u>Ézéchias</u>, <u>rois de Juda</u>, et au temps de Jéroboam, fils de Joas, roi d'Israël. ''*

N.B : Lorsque, Osée apportait ses prophéties sur Juda et Jérusalem ; les rois qui avaient vécu au trône en ces temps-là étaient : **Ozias, Jotham, Achaz, Ezéchias**.

Mais, Michée, lui vient plus tard, après le règne du roi Ozias, mais, il vient rencontrer d'autres Prophètes en pleine fonction ; tels que, Esaïe et Osée.

Voir **Michée 1v1** : *'' La parole de l'Éternel fut adressée à Michée, de Moréscheth, au temps de <u>Jotham</u>, d'<u>Achaz</u>, d'<u>Ézéchias</u>, <u>rois de Juda</u>, prophétie sur Samarie et Jérusalem. ''*

N.B : Lorsque, Michée apportait ses prophéties sur Juda et Jérusalem ; les rois qui avaient vécu au trône en ces temps-là étaient : **Jotham, Achaz, Ezéchias**.

Pendant que les Prophètes précités annonçaient leurs oracles sur Juda et Jérusalem ; de l'autre côté d'Israël divisée avec Juda ; lors donc des deux royaumes : Le royaume du Nord et le royaume du Sud ; **Amos**, du côté d'Israël annonçait aussi des oracles de la part de l'Eternel.

Voir **Amos 1v1** : *'' Paroles d'Amos, l'un des bergers de Tekoa, visions qu'il eut sur Israël, au temps d'**Ozias**, roi de Juda, et au temps de Jéroboam, fils de Joas, roi d'Israël, deux ans avant le tremblement de terre. ''*

LE RÔLE DES PROPHETES

Les prophéties jouent un rôle très important dans le service sacré, dans la vie du peuple de Dieu. Mais seulement, ce travail n'a pas aujourd'hui, le même rôle qu'il avait hier. C'est-à-dire, qu'avant la venue du Seigneur ; les Prophètes étaient les seuls canaux où Dieu parlait aux Juifs de plusieurs manières et de plusieurs façons. Ceci, dans le but de les redresser et les ramener à la raison.
Tout cela n'était que pour un temps. Tandis que maintenant, avec l'arrivée de Christ ; tout a changé. Et cela, pour l'accomplissement des paroles prononcées par Moïse.

Voir **Actes 7v37** : *'' C'est ce Moïse qui dit aux fils d'Israël : <u>Dieu vous suscitera d'entre vos frères un prophète comme moi</u>. ''*

Et, cela s'accomplit lors de la venue du Christ. Car, c'est lui le prophète en question.

Voir **Hébreux 1v1-2** : " *Après avoir autrefois, à plusieurs reprises et de plusieurs manières, parlé à nos pères par les prophètes, Dieu, dans ces derniers temps, nous a parlé par le Fils, qu'il a établi héritier de toutes choses, par lequel il a aussi créé le monde.* "

Le Père parle par le Fils. Et, le Fils parle au travers de ses prophètes. Ainsi, il leur révèle les mystères cachés dans les paroles prophétiques du passé, du présent ou d'avenir.

Voir **Ephésiens 3v5-7** : " *Il n'a pas été manifesté aux fils des hommes dans les autres générations, comme il a été révélé maintenant par l'Esprit aux saints apôtres et prophètes de Christ. Ce mystère, c'est que les païens sont cohéritiers, forment un même corps, et participent à la même promesse en Jésus-Christ par l'Évangile, dont j'ai été fait ministre selon le don de la grâce de Dieu, qui m'a été accordée par l'efficacité de sa puissance.* "

Alors, le prophète, avec la connaissance reçue par la révélation, posera dans le croyant ; le fondement prophétique ou la vraie connaissance, la connaissance réelle sur les choses qui concernent la parole de Dieu.

REMARQUES TRES IMPORTANTES 16

Hier, les prophètes exerçaient plus d'influence sur Israël de la chair. Mais, dans la fin des temps, le prophète l'exerce sur l'Israël spirituelle ; qui n'est autre que l'Eglise, ou encore le royaume de Dieu sur la terre. C'est-à-dire l'Eglise ou le corps de Christ.
Et donc, la procédure dans l'exercice de ce travail n'est plus la même. Et aussi, on peut parler des prophètes dans l'Ancienne Alliance ; lesquels n'étaient que pour un seul peuple ; et des prophètes dans la Nouvelle Alliance, lesquels sont pour tous les peuples (les croyants ou fils du royaume) ; et d'après **Ezéchiel 33v1-20** :

" *La parole de l'Éternel me fut adressée, en ces mots : Fils de l'homme, parle aux enfants de ton peuple, et dis-leur : Lorsque je fais venir l'épée sur un pays, et que le peuple du pays prend dans son sein un homme et l'établit comme sentinelle, si cet homme voit venir l'épée sur le pays, sonne de la trompette, et avertit le peuple ; et si celui qui entend le son de la trompette ne se laisse pas avertir, et que l'épée vienne le surprendre, son sang sera sur sa tête. Il a entendu le son de la trompette, et il ne s'est pas laissé avertir, son sang sera sur lui ; s'il se laisse avertir, il sauvera son âme. Si la sentinelle voit venir l'épée, et ne sonne pas de la trompette ; si le peuple n'est pas averti, et que l'épée vienne enlever à quelqu'un la vie, celui-ci périra à cause de son iniquité, mais je redemanderai son sang à la sentinelle. Et toi, fils de l'homme, je t'ai établi comme sentinelle sur la maison d'Israël. Tu dois écouter la parole qui sort de ma bouche, et les avertir de ma part. Quand je dis au méchant : Méchant, tu mourras ! si tu ne parles pas pour détourner le méchant de sa voie, ce méchant mourra dans son iniquité, et je te redemanderai son sang. Mais si tu avertis le méchant pour le détourner de sa voie, et qu'il ne s'en détourne pas, il mourra dans son iniquité, et toi tu sauveras ton âme. Et toi, fils de l'homme, dis à la maison d'Israël : Vous dites : Nos transgressions et nos péchés sont sur nous, et c'est à cause d'eux que nous sommes frappés de langueur ; comment pourrions-nous vivre ? Dis-leur : je suis vivant ! dit le Seigneur, l'Éternel, ce que je désire, ce n'est pas que le méchant meure, c'est qu'il change de conduite et qu'il vive. Revenez, revenez de votre mauvaise voie ; et pourquoi mourriez-vous, maison d'Israël ? Et toi, fils de l'homme, dis aux enfants de ton peuple : La justice du juste ne le sauvera pas au jour de sa transgression ; et le méchant ne tombera pas par sa méchanceté le jour où il s'en détournera, de même que le juste ne pourra pas vivre par sa justice au jour de sa transgression. Lorsque je dis au juste qu'il vivra, s'il se confie dans sa justice et commet l'iniquité, toute sa justice sera oubliée, et il mourra à cause de l'iniquité qu'il a commise. Lorsque je dis au méchant : Tu mourras ! s'il revient de son péché et pratique la droiture et la justice, s'il rend le gage, s'il restitue ce qu'il a ravi, s'il suit les préceptes qui donnent la vie, sans commettre l'iniquité, il vivra, il ne mourra pas. Tous les péchés qu'il a commis seront oubliés ; s'il pratique la droiture et la justice, il vivra. Les enfants de ton peuple disent : La voie du Seigneur n'est pas droite. C'est leur voie qui n'est pas droite. Si le juste se détourne de sa justice et commet l'iniquité, il mourra à cause de cela. Si le méchant revient de sa méchanceté et pratique la droiture et la justice, il vivra à cause de cela. Vous dites : La voie du Seigneur n'est pas droite. Je vous jugerai chacun selon ses voies, maison d'Israël ! ''*

Le rôle du prophète se résumait en :

- ***Voir le mal et le signaler au peuple** (aujourd'hui, à l'Eglise).*

- ***Assurer le rôle de la sentinelle** (aujourd'hui, à l'Eglise)*

- ***Ecouter de la part de l'Eternel, pour avertir le peuple** (aujourd'hui, l'Eglise).*

- ***Il exerce son travail sans avoir peur ni honte, mais librement, et avec courage.***

N.B : Et, pour le corps de Christ, cette façon de faire se situe, dans les enseignements de la parole de Dieu.
Il pose le fondement de la foi de l'Eglise, ou des croyants sur le plan prophétique. Il enseigne, et exhorte la parole de Dieu, dans la dimension prophétique.

LE MINISTERE DES EVANGELISTES

L'Evangéliste vient du mot évangile. Or, l'Evangile ; c'est la « **Bonne Nouvelle** ». Et la Bonne Nouvelle ; c'est ce qui concerne la doctrine de Christ. Car, c'est cette doctrine qui donne la vie éternelle.

Ainsi les mots : Evangéliste et évangile, sortent du verbe évangéliser ; qui veut dire : Annoncer la bonne nouvelle. C'est-à-dire ; publier tout ce qui concerne la doctrine de Christ.

Voir **Jean 7v16-17** : *'' Jésus leur répondit : <u>Ma doctrine n'est pas de moi, mais de celui qui m'a envoyé.</u> Si quelqu'un veut faire sa volonté, il connaîtra si ma doctrine est de Dieu, ou si je parle de mon chef. ''*

LE TRAVAIL, OU RÔLE DE L'EVANGELISTE

Pour comprendre d'une part, ce qui concerne ce Ministère ; on peut examiner le fonctionnement du Ministère des Evangéliste, avec Philippe ; lequel fut l'un des sept diacres de l'Eglise de Jérusalem. Et cela, avant qu'il ne soit appelé dans son Ministère ; ou avant son appel ministériel.

Voir **Actes 6v3-6** : *'' C'est pourquoi, frères, <u>choisissez parmi vous sept hommes,</u> de qui l'on rende un bon témoignage, qui soient pleins d'Esprit-Saint et de sagesse, et que nous* *chargerons de cet emploi. Et nous, nous continuerons à nous appliquer à la prière et au ministère de la parole. Cette proposition plut à toute l'assemblée. <u>Ils élurent</u> Étienne, homme plein de foi et d'Esprit-Saint, <u>Philippe</u>, Prochore, Nicanor, Timon, Parménas, et Nicolas, prosélyte d'Antioche. Ils les présentèrent aux apôtres, qui, après avoir prié, leur imposèrent les mains. "*

Et aussi voir **Actes 21v8** : *" Nous partîmes le lendemain, et nous arrivâmes à Césarée. <u>Étant entrés dans la maison de Philippe l'évangéliste, qui était l'un des sept</u>, nous logeâmes chez lui. "*

Philippe devait se retrouver en Samarie, après la persécution de l'Eglise de Jérusalem. Et là, il y prêcha le Christ. Et nombreux des habitants de cette ville crurent au Seigneur à cause de son travail.

Voir **Actes 8v1-8,14** : *" Saul avait approuvé le meurtre d'Étienne. Il y eut, ce jour-là, une grande persécution contre l'Église de Jérusalem ; et tous, excepté les apôtres, se dispersèrent dans les contrées de la Judée et de la Samarie. Des hommes pieux ensevelirent Étienne, et le pleurèrent à grand bruit. Saul, de son côté, ravageait l'Église ; pénétrant dans les maisons, il en arrachait hommes et femmes, et les faisait jeter en prison. <u>Ceux qui avaient été dispersés allaient de lieu en lieu, annonçant la bonne nouvelle de la parole. Philippe, étant descendu dans la ville de Samarie, y prêcha le Christ. Les foules tout entières étaient attentives à ce que disait Philippe, lorsqu'elles apprirent et virent les miracles qu'il faisait.</u> Car des esprits impurs sortirent de plusieurs démoniaques, en poussant de grands cris, et beaucoup de paralytiques et de boiteux furent guéris. Et il y eut une grande joie dans cette ville. Les apôtres, qui étaient à Jérusalem, ayant appris que la Samarie avait reçu la parole de Dieu, y envoyèrent Pierre et Jean. "*

Or, prêcher le Christ veut seulement dire ; prêcher sur sa doctrine. Mais, après ce grand exploit de la Samarie ; un ange viendra à la rencontre de Philippe. Et, il va lui informer sur un des fils du royaume qui était de l'Ethiopie, lequel était disposé de recevoir le salut. Il s'y rendit, l'ayant rencontré, grâce à l'orientation de son compagnon de service ; l'ange du Ministère ; Philippe apportera à celui-ci de l'éclaircissement sur les Ecritures Saintes ; notamment sur la doctrine concernant le baptême. Et, c'est ce qu'il fit, et il baptisa l'eunuque.

Voir **Actes 8v26-38** : *" <u>Un ange du Seigneur, s'adressant à Philippe, lui dit : Lève-toi, et va du côté du midi, sur le chemin qui descend de Jérusalem à Gaza, celui qui est désert. Il se leva, et partit. Et voici, un Éthiopien, un eunuque, ministre de Candace, reine d'Éthiopie, et surintendant de tous ses trésors, venu à Jérusalem pour adorer, s'en retournait, assis sur son char, et lisait le prophète Ésaïe.</u> L'Esprit dit à Philippe : Avance, et approche-toi de ce char. Philippe accourut, et entendit l'Éthiopien qui lisait le prophète Ésaïe. Il lui dit : Comprends-tu ce que tu lis ? Il répondit : Comment le pourrais-je, si quelqu'un ne me guide ? Et il invita Philippe à monter et à s'asseoir avec lui. Le passage de l'Écriture qu'il lisait était celui-ci:*
Il a été mené comme une brebis à la boucherie;
Et, comme un agneau muet devant celui qui le tond,
Il n'a point ouvert la bouche. Dans son humiliation, son jugement a été levé.

Et sa postérité, qui la dépeindra ?

Car sa vie a été retranchée de la terre. L'eunuque dit à Philippe : Je te prie, de qui le prophète parle-t-il ainsi ? Est-ce de lui-même, ou de quelque autre ? Alors <u>Philippe, ouvrant la bouche et commençant par ce passage, lui annonça la bonne nouvelle de Jésus. Comme ils continuaient leur chemin, ils rencontrèrent de l'eau. Et l'eunuque dit : Voici de l'eau ; qu'est-ce qui empêche que je sois baptisé ? Philippe dit : Si tu crois de tout ton cœur, cela est possible. L'eunuque répondit : Je crois que Jésus-Christ est le Fils de Dieu. Il fit arrêter le char ; Philippe et l'eunuque descendirent tous deux dans l'eau, et Philippe baptisa l'eunuque.</u> "

RELATION AVEC LE DIVIN

L'Evangéliste est une personne qui entretient une profonde relation avec le divin. Il travaille souvent avec des personnes ayant des dons du Saint-Esprit, et les autres Ministères, sous l'orientation de l'ange de Ministère.

Voir **Actes 21v8-11** : *" Nous partîmes le lendemain, et nous arrivâmes à Césarée. Étant entrés dans la maison de Philippe l'évangéliste, qui était l'un des sept, nous logeâmes chez lui. <u>Il avait quatre filles vierges qui prophétisaient.</u> Comme nous étions là depuis plusieurs jours, <u>un prophète, nommé Agabus, descendit de Judée, et vint nous trouver.</u> Il prit la ceinture de Paul, se lia les pieds et les mains, et dit : Voici ce que déclare le Saint-Esprit : L'homme à qui appartient cette ceinture, les Juifs le lieront de la même manière à Jérusalem, et le livreront entre les mains des païens. "*

Il est rempli de l'intimité avec le divin ; c'est ce qui lui assure l'attachement au service sacré. Il est en contact permanent avec l'ange du Ministère et d'autres Ministres de la parole. C'est d'ailleurs ce qui fit que l'ange vient lui informer de la nécessité d'apporter la parole pour le salut de l'eunuque éthiopien, puis à la fin de son service avec l'eunuque ; le Saint-Esprit va l'enlever pour une autre mission dans l'île d'Azote.

Voir **Actes 8v34-40** : *" <u>L'eunuque dit à Philippe : Je te prie, de qui le prophète parle-t-il ainsi ? Est-ce de lui-même, ou de quelque autre ?</u> Alors Philippe, ouvrant la bouche et commençant par ce passage, lui annonça la bonne nouvelle de Jésus. Comme ils continuaient leur chemin, ils rencontrèrent de l'eau. Et l'eunuque dit : Voici de l'eau ; qu'est-ce qui empêche que je sois baptisé ? Philippe dit : Si tu crois de tout ton cœur, cela est possible. L'eunuque répondit : Je crois que Jésus-Christ est le Fils de Dieu. Il fit arrêter le char ; Philippe et l'eunuque descendirent tous deux dans l'eau, et Philippe baptisa l'eunuque. <u>Quand ils furent sortis de l'eau, l'Esprit du Seigneur enleva Philippe, et l'eunuque ne le vit plus. Tandis que, joyeux, il poursuivait sa route, Philippe se trouva dans Azot, d'où il alla jusqu'à Césarée, en évangélisant toutes les villes par lesquelles il passait.</u> "*

LE RÔLE DU MINISTERE DES EVANGELISTES

L'Evangélisation à un rôle très important, lequel, il joue comme mission, dans le corps du Christ. En effet :

- **Il prêche la parole, en insistant, en toute occasion, favorable ou non favorable.**

- **Il reprend surtout ce qui n'est pas conforme à la saine Doctrine.**

- Il censure tout ce qui est hors de l'enseignement du Seigneur Jésus-Christ.

- Il travaille avec toute la douceur.

- Il fait le travail d'instruction. C'est-à-dire ; en apportant la connaissance ou l'enseignement.

Ce travail est beaucoup pénible ; il faut donc un grand cœur, pour supporter, et les hommes et les femmes, en toutes circonstances.

Voir **2 Timothée 4v2-5** : '' _prêche la parole, insiste en toute occasion, favorable ou non, reprends, censure, exhorte, avec toute douceur et en instruisant._ Car il viendra un temps où les hommes ne supporteront pas la saine doctrine ; mais, ayant la démangeaison d'entendre des choses agréables, ils se donneront une foule de docteurs selon leurs propres désirs, détourneront l'oreille de la vérité, et se tourneront vers les fables. Mais toi, sois sobre en toutes choses, supporte les souffrances, _fais l'œuvre d'un évangéliste, remplis bien ton ministère_. ''

En somme ; il est comme un superviseur dans le chantier de l'édifice de Dieu, qui est la maison de Dieu, laquelle est son corps ou l'Eglise.
Il veille sur la qualité des enseignements reçus par le peuple de Dieu (ou par les croyants). Il se rassure non seulement sur la qualité des enseignements ; mais aussi, à leur applicabilité. Il joue d'autre part, le rôle de surveillant ou de pédagogue. C'est à cause de lui que, ceux qui ne sont pas sur le bon chemin, se remettent en route. Il encourage dans le bien, et décourage dans le mal.

Ainsi, un évangéliste ; c'est une personne suffisamment instruit dans la connaissance de l'Evangile de Christ. Car, ce travail exige beaucoup de connaissance et des dons du Saint-Esprit.

LE MINISTERE DES PASTEURS

Le ministère des Pasteurs, tel que défini dès avant, c'est une charge, ou responsabilité que Dieu attribue à une personne, à un être humain, pour le travail qui concerne le salut des âmes des humains sur la terre.
Cependant ; il y a deux mots qui s'interprètent unanimement ; ce sont : Le pasteur et le berger.

- **Pasteur** ; c'est celui qui conduit et qui nourrit le troupeau.

- **Berger** ; c'est celui qui garde les moutons et les chèvres. En un mot ; celui qui garde le troupeau.

Les mots pasteur et berger, en Israël avaient un caractère très spécial ; si bien donc, les pasteurs ; ce sont les conducteurs du peuple juif.

Voir **Jérémie 25v34-38** : '' _Gémissez, pasteurs, et criez ! Roulez-vous dans la cendre, conducteurs de troupeaux_ ! Car les jours sont venus où vous allez être égorgés. Je vous briserai, et vous tomberez comme un vase de prix. Plus de refuge pour les pasteurs ! Plus de salut pour les conducteurs de troupeaux ! On entend les cris des pasteurs, les gémissements *des conducteurs de troupeaux ; car l'Éternel ravage leur pâturage. Les habitations paisibles sont détruites par la colère ardente de l'Éternel. Il a abandonné sa demeure comme un lionceau sa tanière ; car leur pays est réduit en désert par la fureur du destructeur et par son ardente colère. "*

Et aussi ; voir **Jérémie 3v15** : *" Je vous donnerai des bergers selon mon cœur, et ils vous paîtront avec intelligence et avec sagesse. "*

Les pasteurs ou les bergers dont il est question ici ; il s'agit des conducteurs d'Israël. Tel, il est écrit dans le livre d'**Ezéchiel 34v2-30** :

" Fils de l'homme, prophétise contre les pasteurs d'Israël ! Prophétise, et dis-leur, aux pasteurs : Ainsi parle le Seigneur, l'Éternel : Malheur aux pasteurs d'Israël, qui se paissaient eux-mêmes ! Les pasteurs ne devaient-ils pas paître le troupeau ? avez mangé la graisse, vous vous êtes vêtus avec la laine, vous avez tué ce qui était gras, vous n'avez point fait paître les brebis. Vous n'avez pas fortifié celles qui étaient faibles, guéri celle qui était malade, pansé celle qui était blessée ; vous n'avez pas ramené celle qui s'égarait, cherché celle qui était perdue ; mais vous les avez dominées avec violence et avec dureté. Elles se sont dispersées, parce qu'elles n'avaient point de pasteur ; elles sont devenues la proie de toutes les bêtes des champs, elles se sont dispersées. Mon troupeau est errant sur toutes les montagnes et sur toutes les collines élevées, mon troupeau est dispersé sur toute la face du pays ; nul n'en prend souci, nul ne le cherche. C'est pourquoi, pasteurs, écoutez la parole de l'Éternel ! Je suis vivant ! dit le Seigneur, l'Éternel, parce que mes brebis sont au pillage et qu'elles sont devenues la proie de toutes les bêtes des champs, faute de pasteur, parce que mes pasteurs ne prenaient aucun souci de mes brebis, qu'ils se paissaient eux-mêmes, et ne faisaient point paître mes brebis, à cause de cela, pasteurs, écoutez la parole de l'Éternel ! Ainsi parle le Seigneur, l'Éternel : Voici, j'en veux aux pasteurs ! Je reprendrai mes brebis d'entre leurs mains, je ne les laisserai plus paître mes brebis, et ils ne se paîtront plus eux-mêmes ; je délivrerai mes brebis de leur bouche, et elles ne seront plus pour eux une proie. Car ainsi parle le Seigneur, l'Éternel : Voici, j'aurai soin moi-même de mes brebis, et j'en ferai la revue. Comme un pasteur inspecte son troupeau quand il est au milieu de ses brebis éparses, ainsi je ferai la revue de mes brebis, et je les recueillerai de tous les lieux où elles ont été dispersées au jour des nuages et de l'obscurité. Je les retirerai d'entre les peuples, je les rassemblerai des diverses contrées, et je les ramènerai dans leur pays ; je les ferai paître sur les montagnes d'Israël, le long des ruisseaux, et dans tous les lieux habités du pays. Je les ferai paître dans un bon pâturage, et leur demeure sera sur les montagnes élevées d'Israël ; là elles reposeront dans un agréable asile, et elles auront de gras pâturages sur les montagnes d'Israël. C'est moi qui ferai paître mes brebis, c'est moi qui les ferai reposer, dit le Seigneur, l'Éternel. Je chercherai celle qui était perdue, je ramènerai celle qui était égarée, je panserai celle qui est blessée, et je fortifierai celle qui est malade. Mais je détruirai celles qui sont grasses et vigoureuses. Je veux les paître avec justice. Et vous, mes brebis, ainsi parle le Seigneur, l'Éternel : Voici, je jugerai entre brebis et brebis, entre béliers et boucs. Est-ce trop peu pour vous de paître dans le bon pâturage, pour que vous fouliez de vos pieds le reste de votre pâturage ? de boire une eau limpide, pour que vous troubliez le reste avec vos pieds ? Et mes brebis doivent paître ce que vos pieds ont foulé, et boire ce que vos pieds ont troublé !

C'est pourquoi ainsi leur parle le Seigneur, l'Éternel : Voici, je jugerai entre la brebis grasse et la brebis maigre. Parce que vous avez heurté avec le côté et avec l'épaule, et frappé de vos cornes toutes les brebis faibles, jusqu'à ce que vous les ayez chassées, je porterai secours à mes brebis, afin qu'elles ne soient plus au pillage, et je jugerai entre brebis et brebis. J'établirai sur elles un seul pasteur, qui les fera paître, mon serviteur David ; il les fera paître, il sera leur pasteur. Moi, l'Éternel, je serai leur Dieu, et mon serviteur David sera prince au milieu d'elles. Moi, l'Éternel, j'ai parlé. Je traiterai avec elles une alliance de paix, et je ferai disparaître du pays les animaux sauvages ; elles habiteront en sécurité dans le désert, et dormiront au milieu des forêts. Je ferai d'elles et des environs de ma colline un sujet de bénédiction ; j'enverrai la pluie en son temps, et ce sera une pluie de bénédiction. L'arbre des champs donnera son fruit, et la terre donnera ses produits. Elles seront en sécurité dans leur pays ; et elles sauront que je suis l'Éternel, quand je briserai les liens de leur joug, et que je les délivrerai de la main de ceux qui les asservissaient. Elles ne seront plus au pillage parmi les nations, les bêtes de la terre ne les dévoreront plus, elles habiteront en sécurité, et il n'y aura personne pour les troubler. J'établirai pour elles une plantation qui aura du renom ; elles ne seront plus consumées par la faim dans le pays, et elles ne porteront plus l'opprobre des nations. Et elles sauront que moi, l'Éternel, leur Dieu, je suis avec elles, et qu'elles sont mon peuple, elles, la maison d'Israël, dit le Seigneur, l'Éternel. Vous, mes brebis, brebis de mon pâturage, vous êtes des hommes ; moi, je suis votre Dieu, dit le Seigneur, l'Éternel. "

Enfin en Israël ; le pasteur était identifié au roi. Voir **Ezéchiel 37v24** : *" <u>Mon serviteur David sera leur roi, et ils auront tous un seul pasteur.</u> Ils suivront mes ordonnances, ils observeront mes lois et les mettront en pratique. "*

En réalité ; Israël était représentée par :

- **Les Sacrificateurs**

- **Les Dépositaires de la loi (ensuite des Pharisiens)**

- **Les Pasteurs (conducteurs du peuple, ou roi)**

- **Les Prophètes**.

Voir **Jérémie 2v8** : *" Les <u>sacrificateurs</u> n'ont pas dit: Où est l'Éternel ?*
Les <u>dépositaires</u> de la loi ne m'ont pas connu, les <u>pasteurs</u> m'ont été infidèles, les <u>prophètes</u> ont prophétisé par Baal, et sont allés après ceux qui ne sont d'aucun secours. "

REMARQUES TRES IMPORTANTES 17

Il y a une très grande confusion sur l'appellation pasteur, au sein des organismes religieux actuels. Car, pour presque tout le monde ; le pasteur ; c'est le conducteur d'une communauté ou d'une congrégation, ou d'une église. Ce n'est malheureusement pas cela, le cas, dans l'Eglise de Christ.
Du coup, dans cette confusion, les communautés prennent pour illustration à la charge de pasteur, les passages bibliques, lesquels parlent des pasteurs comme : les rois d'Israël.
Ainsi, lorsque l'Eternel reproche les rois d'Israël et de Juda, en employant le terme pasteur à

la place de roi, ou conducteurs ; eux attribuent ces reproches à l'endroit des responsables des communautés. C'est-à-dire les pasteurs ou les bergers.

Par exemples :

- Voir **Zacharie 11v15-17** : *" L'Éternel me dit : Prends encore <u>l'équipage d'un pasteur insensé</u> ! Car voici, je susciterai dans le pays un pasteur qui n'aura pas souci des brebis qui périssent ; il n'ira pas à la recherche des plus jeunes, il ne guérira pas les blessées, il ne soignera pas les saines ; mais il dévorera la chair des plus grasses, et il déchirera jusqu'aux cornes de leurs pieds. Malheur au <u>pasteur de néant</u>, qui abandonne ses brebis ! Que l'épée fonde sur son bras et sur son œil droit ! Que son bras se dessèche, et que son œil droit s'éteigne ! "*

N.B : Les croyants ignorants prennent et, passent cela aux pasteur, conducteur de leurs communautés. Or qu'au fond, ces passages font allusion aux dirigeants d'Israël.

Et encore :

Voir **Jérémie 23v1-8** : *" Malheur aux <u>pasteurs qui détruisent et dispersent Le troupeau de mon pâturage</u> ! dit l'Éternel. C'est pourquoi ainsi parle l'Éternel, le Dieu d'Israël, sur les pasteurs qui paissent mon peuple : Vous avez dispersé mes brebis, vous les avez chassées, vous n'en avez pas pris soin ; voici, je vous châtierai à cause de la méchanceté de vos actions, dit l'Éternel. Et je rassemblerai le reste de mes brebis de tous les pays où je les ai chassées ; je les ramènerai dans leur pâturage ; elles seront fécondes et multiplieront. J'établirai sur elles des pasteurs qui les paîtront ; elles n'auront plus de crainte, plus de terreur, et il n'en manquera aucune, dit l'Éternel. <u>Voici, les jours viennent, dit l'Éternel, où je susciterai à David un germe juste ; il régnera en roi et prospérera, il pratiquera la justice et l'équité dans le pays. En son temps, Juda sera sauvé, Israël aura la sécurité dans sa demeure ; et voici le nom dont on l'appellera : L'Éternel notre justice</u>. C'est pourquoi voici, les jours viennent, dit l'Éternel, où l'on ne dira plus : L'Éternel est vivant, lui qui a fait monter du pays d'Égypte les enfants d'Israël ! Mais on dira : L'Éternel est vivant, lui qui a fait monter et qui a ramené la postérité de la maison d'Israël du pays du septentrion et de tous les pays où je les avais chassés ! Et ils habiteront dans leur pays. "*

N.B : Le passage de Zacharie nous parle des pasteurs de néants. Et celui de Jérémie nous parle des faux pasteurs ou rois qui seront remplacés par David. Ce qui est l'image de Christ. Car David étant mort depuis longtemps, ne pouvait plus revenir en tête des enfants d'Israël et de Juda. Il s'agit donc du fils de David ; c'est-à-dire le Christ. Car, fils de David ; c'est l'un des titres de Christ, dans la Nouvelle Alliance.

Voir **Matthieu 9v27** : *" Étant parti de là, Jésus fut suivi par deux aveugles, qui criaient : <u>Aie pitié de nous, Fils de David</u> ! "*

Et ; voir **Matthieu 12v23** : *" Toute la foule étonnée disait : <u>N'est-ce point là le Fils de David</u> ? "*

Encore, Voir **Matthieu 15v22** : *" Et voici, une femme cananéenne, qui venait de ces contrées, lui cria : <u>Aie pitié de moi, Seigneur, Fils de David</u> ! Ma fille est cruellement tourmentée par le démon. "*

Et, voir etc.

LE GRAND PASTEUR

Jésus-Christ est le Grand Pasteur des brebis qui lui appartiennent. C'est-à-dire ; qu'il est le Roi pour son peuple. Voir :

- **Jean 18v36** : '' *Mon royaume n'est pas de ce monde, répondit Jésus. Si mon royaume était de ce monde, mes serviteurs auraient combattu pour moi afin que je ne fusse pas livré aux Juifs ; mais maintenant* **mon royaume n'est point d'ici-bas**. ''

- Et, lorsque le Seigneur fut crucifié ; l'inscription qui était placée au-dessus de sa tête était : « **Celui-ci est Jésus, le Roi des Juifs** ».

Voir **Matthieu 27v37** : '' *Pour indiquer le sujet de sa condamnation, on écrivit au-dessus de sa tête : <u>Celui-ci est Jésus, le roi des Juifs</u>*. ''

- Et encore, le Saint-Esprit confirme les mêmes choses, dans l'épître de Paul à Timothée, en ces termes :

Voir **1 Timothée 6v15** : '' *que manifestera en son temps le bienheureux et <u>seul souverain, le roi des rois, et le Seigneur des seigneurs</u>*. ''

- Le Seigneur est le Grand Pasteur, tel, il est écrit dans **Hébreux 13v20** :

'' *Que le Dieu de paix, qui a ramené d'entre les morts <u>le grand pasteur des brebis, par le sang d'une alliance éternelle, notre Seigneur Jésus</u>*. ''

- Le Seigneur est le souverain Pasteur, tel il est écrit dans l'épître premier de Pierre.

Voir **1 Pierre 5v4** : '' *Et lorsque <u>le souverain pasteur paraîtra</u>, vous obtiendrez la couronne incorruptible de la gloire*. ''

- Le Seigneur est le Bon Berger, tel qu'il est écrit dans le livre de **Jean 10v11** :

'' *<u>Je suis le bon berger</u>. Le bon berger donne sa vie pour ses brebis*. ''

Après donc avoir levé l'équivoque sur l'appellation et les attributions du pasteur, entant que roi ; on peut alors aborder le pasteur comme Ministre de la Parole ou Ministre dans la Nouvelle Alliance.

LE PASTEUR EN CHRIST

Le Pasteur entant que Ministre de la Parole est une personne mandatée par Dieu, dans le service sacré pour l'édification du corps de Christ. Il n'est ni conducteur ni roi sur un peuple quelconque. Mais un prédicateur de la parole de Dieu.

Voir **Ephésiens 4v11-13** : '' *<u>Et il a donné les uns comme</u> apôtres, les autres comme prophètes, les autres comme évangélistes, les autres comme <u>pasteurs</u> et docteurs, <u>pour le perfectionnement des saints en vue de l'œuvre du ministère et de l'édification du corps de Christ, jusqu'à ce que nous soyons tous parvenus à l'unité de la foi et de la connaissance du Fils de Dieu, à l'état d'homme fait, à la mesure de la stature parfaite de Christ</u>*. ''

N.B : Le pasteur dans la Nouvelle Alliance n'est pas conducteur, comme cela venait d'être dit. Mais, la charge de perfectionnement des saint (ou peuple de Dieu, fils et filles du royaume). Il travaille dans l'édification du corps de Christ. Voilà, entant que Ministre de la parole, la charge qu'a chacun des Ministres de la parole, selon son appel.

Et, comme le Christ est Roi ; il l'est pour ainsi dire ; sur son propre peuple, et donc, sur son royaume. Voir :

- **Ephésiens 5v5** : " *Car, sachez-le bien, <u>aucun impudique, ou impur, ou cupide, c'est-à-dire, idolâtre, n'a d'héritage dans le royaume de Christ</u> et de Dieu.* "

Et aussi :

- **1 Pierre 2v25** : " *Car vous étiez comme des brebis errantes. Mais maintenant <u>vous êtes retournés vers le pasteur et le gardien de vos âmes</u>.* "

LA PROCEDURE D'ACCESSION A L'EXERCICE

Le pasteur ; c'est une personne suffisamment instruite sur l'enseignement des apôtres et des prophètes, selon que le Seigneur l'a enseigné et révélé par le Saint-Esprit.

Voir **1 Pierre 1v12** : " *<u>Il leur fut révélé que ce n'était pas pour eux-mêmes, mais pour vous, qu'ils étaient les dispensateurs de ces choses, que vous ont annoncées maintenant ceux qui vous ont prêché l'Évangile par le Saint-Esprit envoyé du ciel</u>, et dans lesquelles les anges désirent plonger leurs regards.* "

Tandis que, le pasteur, bien qu'appelé de Dieu, s'il ne possède pas la parfaite connaissance du message du royaume de Dieu ; il ne peut pas exercer son Ministère.

Voir **1 Corinthiens 3v10** : " *Selon la grâce de Dieu qui m'a été donnée, <u>j'ai posé le fondement comme un sage architecte, et un autre bâtit dessus. Mais que chacun prenne garde à la manière dont il bâtit dessus</u>.* "

LE PASTEUR EN EXERCICE

Le pasteur veille sur l'enseignement des apôtres et des prophètes. Et, il exhorte, excite, pousse et encourage les croyants à mettre les recommandations de la parole de Dieu en pratique.

Il rappelle les enseignements dispensés par ceux qui ont le devoir de poser le fondement. Il cherche les brebis perdues ; ceux des fils du royaume qui ont abandonné leurs assemblées.

Voir **Matthieu 18v12** : " *Que vous en semble ? Si un homme a cent brebis, et que l'une d'elles s'égare, <u>ne laisse-t-il pas les quatre-vingt-dix-neuf autres sur les montagnes, pour aller chercher celle qui s'est égarée</u> ?* "

N.B : La même chose dans **Luc 15v4** : " *Quel homme d'entre vous, <u>s'il a cent brebis, et qu'il en perde une, ne laisse les quatre-vingt-dix-neuf autres dans le désert pour aller après celle qui est perdue, jusqu'à ce qu'il la retrouve</u> ?* "

C'est à cause du message du pasteur, ou la façon de faire du pasteur que les croyants restent dans leurs assemblées, et mettent en pratique la connaissance fondamentale, érigée par les Ministères de base : Les apôtres et les prophètes.

En somme, le pasteur est un Ministre de la Parole au niveau de l'exhortation. Il opère dans tout le corps de Christ et non dans une seule Eglise locale. Car, il n'est pas Ministre d'une Eglise locale. Ou encore, il n'appartient pas à une Eglise locale.

REMARQUES TRES IMPORTANTES 18

Tous les passages de la Bible qui expriment tout ce qui est aux références des appellations de pasteurs ou de berger ; ces passages font allusion aux chefs, aux rois, en Israël.
Par conséquent ; ils n'ont rien à avoir avec le Ministère de pasteur dans l'Eglise du Seigneur.
Et, si le Seigneur est lui-même appelé : Pasteur ; c'est à l'image des rois jadis d'Israël et de Juda.
Le Seigneur Jésus-Christ est Roi. Et son royaume est au ciel.

Voir **Jean 18v36** : '' *Mon royaume n'est pas de ce monde, répondit Jésus. Si mon royaume était de ce monde, mes serviteurs auraient combattu pour moi afin que je ne fusse pas livré aux Juifs ; mais maintenant mon royaume n'est point d'ici-bas.* ''

Le pasteur Ministre de la Parole ; c'est un constructeur ou bâtisseur du temple ou corps de Christ.
Il est cultivateur ou laboureur ; car, il est chargé de semer la parole sur le sol qui est le cœur de l'homme.

Voir **1 Corinthiens 3v9** : '' *Car nous sommes ouvriers avec Dieu. Vous êtes le champ de Dieu, l'édifice de Dieu.* ''

LE MINISTERE DES DOCTEURS

Le Ministère des Docteurs, à l'instar des autres précités ; est une charge très importante dans l'édification du corps, le corps de Christ.
Pour mieux le comprendre ; il devra falloir tout d'abord définir le mot docteur (1) ; puis voir leur travail ou leur rôle dans l'Ancienne Alliance, ou dans la loi de Moïse (2) ; et on pourra ensuite trouver la place du docteur dans la Nouvelle Alliance. C'est-à-dire, dans la construction de la maison de Dieu (3).

1 – LA DEFINITION DU MOT DOCTEUR

Le docteur ou docteure ; c'est une personne détentrice un titre correspondant au grade le plus élevé d'une faculté, ou d'un disciple. Et, dans la religion ; c'est une personne qui a de l'habileté de traduire des textes des livres sacrés.
A l'image de ce qui est biblique et autre ; le docteur est une personne qui a pour charge ; d'enseigner publiquement la loi, en Israël. Il est encore appelé : **maître**, par-rapport à la loi.

Voir **Matthieu 22v34-35** : *" Les pharisiens, ayant appris qu'il avait réduit au silence les saducéens, se rassemblèrent, et l'un d'eux, <u>docteur de la loi</u>, lui fit cette question, pour l'éprouver. "*

N.B : En Israël, à l'époque du Christ ; les pharisiens étaient nommés : « docteur de la loi ». Il s'agissait de la loi de Moïse dont ils furent des interprètes.
Mais, ces mêmes docteurs appelaient aussi le Seigneur Jésus-Christ par docteur. Et aussi Maître, car, c'est ce qui veut dire Rabbi.

Voir **Jean 3v1-2** : *" Mais il y eut <u>un homme d'entre les pharisiens, nommé Nicodème, un chef des Juifs</u>, qui vint, lui, auprès de Jésus, de nuit, et <u>lui dit : Rabbi, nous savons que tu es un docteur venu de Dieu</u> ; car personne ne peut faire ces miracles que tu fais, si Dieu n'est avec lui. "*

2 – DOCTEUR DANS L'ANCIENNE ALLIANCE

Dans l'Ancienne Alliance ; le docteur avait une responsabilité exercée uniquement par des personnes ayant reçu une formation en la matière.
Ainsi, pour se mettre en fonction ; la personne devait être âgée de quarante (40) ans, selon les découvertes, dans les manuscrits qui parlent d'eux.

LE RÔLE DE DOCTEUR

Dans l'Ancienne Alliance ; **le docteur était chargé d'enseigner la loi de Moïse au peuple juif, ainsi qu'aux prosélytes**. Le docteur avait une connaissance très profonde et bien parfaite sur la loi de Moïse.
Dans ses prérogatives ; **le docteur censurait les faux enseignements**, ceux de la fausse science. **Il réfutait les contradicteurs, et condamnait les actions en violation de la loi mosaïque.**
Le docteur était comme un arbitre, pour sanctionner les mauvais enseignements, ou des erreurs.
Mais aussi, comme juge ; il pouvait départager ceux qui pouvaient être en antagonismes, ou en affrontement, suite à une affaire qui nécessiterait l'intervention de la loi, pour être tranchée. Voir :

- **Matthieu 9v11** : *" <u>Les pharisiens virent cela, et ils dirent</u> à ses disciples : <u>Pourquoi votre maître mange-t-il avec les publicains et les gens de mauvaise vie</u> ? "*

- **Matthieu 12v2** : *" <u>Les pharisiens, voyant cela, lui dirent</u> : Voici, <u>tes disciples font ce qu'il n'est pas permis de faire pendant le sabbat</u>. "*

- **Matthieu 12v24** : *" <u>Les pharisiens</u>, ayant entendu cela, <u>dirent</u> : <u>Cet homme ne chasse les démons que par Béelzébul</u>, prince des démons. "*

- **Matthieu 23v2** : *" Les scribes et <u>les pharisiens sont assis dans la chaire de Moïse</u>. "*

- **Marc 10v2** : *" <u>Les pharisiens l'abordèrent</u> ; et, <u>pour l'éprouver</u>, ils lui demandèrent s'il est permis à un homme de répudier sa femme. "*

- **Matthieu 12v9-12** : *" Étant parti de là, Jésus entra dans la synagogue. Et voici, il s'y trouvait un homme qui avait la main sèche. <u>Ils demandèrent à Jésus : Est-il permis de faire une guérison les jours de sabbat ?</u> C'était afin de pouvoir l'accuser. Il leur répondit : Lequel d'entre vous, s'il n'a qu'une brebis et qu'elle tombe dans une fosse le jour du sabbat, ne la saisira pour l'en retirer ? Combien un homme ne vaut-il pas plus qu'une brebis ! Il est donc permis de faire du bien les jours de sabbat. "*

- Etc.

Voilà ce que faisait le docteur dans l'Ancienne Alliance !

3 – DOCTEUR DANS LA NOUVELLE ALLIANCE

Pour mieux aborder cette partie, il conviendrait de voir quelque chose au sujet du Seigneur Jésus-Christ ; lui qui est le premier des docteurs de cette Alliance.

LE SEIGNEUR : DOCTEUR OU MAÎTRE

Le Seigneur était Docteur, Maître reconnu par tous les grands cadres juifs. A savoir : Les pharisiens (ou docteurs de loi), les scribes, les sadducéens, etc.

Voir **Jean 3v1-2** : *" Mais il y eut un homme d'entre les pharisiens, nommé <u>Nicodème, un chef des Juifs, qui vint, lui, auprès de Jésus, de nuit, et lui dit : Rabbi, nous savons que tu es un docteur venu de Dieu</u> ; car personne ne peut faire ces miracles que tu fais, si Dieu n'est avec lui. "*

N.B : Ainsi, on peut appeler le docteur de la loi ; maître de la loi. C'est-à-dire : Enseignant de la loi.

LE RÔLE JOUE PAR LE SEIGNEUR ENTANT QUE DOCTEUR

Les gens (pharisiens et autres) venaient au Seigneur pour lui poser des questions concernant la loi de Moïse, et parfois, sur les écrits des prophètes de l'Ancienne Alliance. Et, lui y apportait des éclaircissements, même lorsqu'il s'agissait des questions piégées. Voir :

- **Luc 2v46-47** : *" Au bout de trois jours, <u>ils le trouvèrent dans le temple, assis au milieu des docteurs, les écoutant et les interrogeant.</u> Tous ceux qui l'entendaient étaient frappés de son intelligence et de ses réponses. "*

Et :

- **Luc 5v17** : *" <u>Un jour Jésus enseignait. Des pharisiens et des docteurs de la loi étaient là assis, venus de tous les villages de la Galilée, de la Judée et de Jérusalem</u> ; et la puissance du Seigneur se manifestait par des guérisons. "*

Ainsi, le Seigneur Jésus-Christ, entant que Docteur de la loi divine ou céleste, enseignait même les pharisiens et les scribes.
Mais aussi, dans sa façon de faire ; il les emmenait à la raison, en ce qui concerne leur manière de comprendre les Ecritures Saintes.

Et, on peut par exemple voir :

- Lorsque le Seigneur abordait les pharisiens ou que ce soient les sadducéens sur des questions pertinentes des prophéties contenues dans les Ecritures ; il leur apportait des éclaircissements, ou des révélations, à ces propos.

Voir **Matthieu 22v41-46** : '' *Comme les pharisiens étaient assemblés, <u>Jésus les interrogea, en disant</u> : <u>Que pensez-vous du Christ</u> ? <u>De qui est-il fils</u> ? <u>Ils lui répondirent : De David</u>. <u>Et Jésus leur dit</u> : <u>Comment donc David, animé par l'Esprit, l'appelle-t-il Seigneur, lorsqu'il dit</u> : <u>Le Seigneur a dit à mon Seigneur</u> : Assieds-toi à ma droite, jusqu'à ce que je fasse de tes ennemis ton marchepied ? <u>Si donc David l'appelle Seigneur, comment est-il son fils</u> ? <u>Nul ne put lui répondre un mot</u>. Et, <u>depuis ce jour, personne n'osa plus lui proposer des questions</u>.* ''

Voir aussi **Jean 3v9-10** : '' <u>*Nicodème lui dit*</u> : <u>*Comment cela peut-il se faire*</u> ? *<u>Jésus lui répondit : Tu es le docteur d'Israël, et tu ne sais pas ces choses</u> !* ''

N.B : On peut alors comprendre que, entant que Docteur venu de Dieu ; le Seigneur Jésus enseignait, censurait, apportait correction à la mauvaise compréhension des Ecritures. Et, il ouvrait certains mystères des Ecritures.

LE COMPORTEMENT DU SEIGNEUR ENTANT QUE DOCTEUR

Dans son enseignement sur la loi ; il est clair que, la loi de Moïse fut charnelle. Tandis que celle du Seigneur est spirituelle. Ainsi, il se mit à remplacer les préceptes et les ordonnances charnelles par celles qui sont spirituelles.

- Voir **Matthieu 5v27-48** : '' *Vous avez appris qu'il a été dit : <u>Tu ne commettras point d'adultère</u>. Mais moi, je vous dis que <u>quiconque regarde une femme pour la convoiter a déjà commis un adultère avec elle dans son cœur</u>. Si ton œil droit est pour toi une occasion de chute, arrache-le et jette-le loin de toi ; car il est avantageux pour toi qu'un seul de tes membres périsse, et que ton corps entier ne soit pas jeté dans la géhenne. Et si ta main droite est pour toi une occasion de chute, coupe-la et jette-la loin de toi ; car il est avantageux pour toi qu'un seul de tes membres périsse, et que ton corps entier n'aille pas dans la géhenne. <u>Il a été dit : Que celui qui répudie sa femme lui donne une lettre de divorce</u>. Mais moi, je vous dis que <u>celui qui répudie sa femme, sauf pour cause d'infidélité, l'expose à devenir adultère</u>, et que <u>celui qui épouse une femme répudiée commet un adultère</u>. Vous avez encore appris qu'il a été dit aux anciens : <u>Tu ne te parjureras point, mais tu t'acquitteras envers le Seigneur de ce que tu as déclaré par serment</u>. Mais moi, je vous dis de <u>ne jurer aucunement, ni par le ciel, parce que c'est le trône de Dieu ; ni par la terre, parce que c'est son marchepied ; ni par Jérusalem, parce que c'est la ville du grand roi. Ne jure pas non plus par ta tête, car tu ne peux rendre blanc ou noir un seul cheveu. Que votre parole soit oui, oui, non, non ; ce qu'on y ajoute vient du malin</u>. Vous avez appris qu'il a été dit : <u>œil pour œil, et dent pour dent</u>. Mais moi, je vous dis de <u>ne pas résister au méchant</u>. Si quelqu'un te frappe sur la joue droite, présente-lui aussi l'autre. Si quelqu'un veut plaider contre toi, et prendre ta tunique, laisse-lui encore ton manteau. Si quelqu'un te force à faire un mille, fais-en deux avec lui. Donne à celui qui te demande, et ne te détourne pas de celui qui veut emprunter de toi. Vous avez appris qu'il a été dit : <u>Tu aimeras ton prochain, et tu haïras ton ennemi</u>. Mais moi, je vous dis : <u>Aimez vos ennemis, bénissez ceux qui vous maudissent, faites du bien à ceux qui vous haïssent, et priez pour ceux qui vous maltraitent et qui vous persécutent</u>, afin que vous soyez* *fils de votre Père qui est dans les cieux ; car il fait lever son soleil sur les méchants et sur les bons, et il fait pleuvoir sur les justes et sur les injustes. Si vous aimez ceux qui vous aiment, quelle récompense méritez-vous ? Les publicains aussi n'agissent-ils pas de même ? Et si vous saluez seulement vos frères, que faites-vous d'extraordinaire ? Les païens aussi n'agissent-ils pas de même ? Soyez donc parfaits, comme votre Père céleste est parfait. "*

- **Marc 9v43-47** : *" Si ta main est pour toi une occasion de chute, coupe-la ; mieux vaut pour toi entrer manchot dans la vie, que d'avoir les deux mains et d'aller dans la géhenne, dans le feu qui ne s'éteint point. Si ton pied est pour toi une occasion de chute, coupe-le ; <u>mieux vaut pour toi entrer boiteux dans la vie, que d'avoir les deux pieds et d'être jeté dans la géhenne, dans le feu qui ne s'éteint point</u>. Et si ton œil est pour toi une occasion de chute, arrache-le ; mieux vaut pour toi entrer dans le royaume de Dieu n'ayant qu'un œil, que d'avoir deux yeux et d'être jeté dans la géhenne. "*

LES DOCTEURS DU MINISTERE DE LA PAROLE

Il est écrit dans le livre des **Ephésiens 4v10** : *" Celui qui est descendu, c'est le même qui est monté au-dessus de tous les cieux, afin de remplir toutes choses. "*

Celui qui était monté au-dessus de tous les cieux ; c'est Jésus-Christ, le Seigneur et Sauveur. Car, il est écrit que, le jour où, il devait se séparer des apôtres, il fut enlevé au ciel,+6 de devant eux.

Voir **Actes 1v9-11** : *" <u>Après avoir dit cela, il fut élevé</u> pendant qu'ils le regardaient, et une nuée le déroba à leurs yeux. Et comme ils avaient les regards fixés vers le ciel pendant qu'il s'en allait, voici, deux hommes vêtus de blanc leur apparurent, et dirent : Hommes Galiléens, pourquoi vous arrêtez-vous à regarder au ciel ? <u>Ce Jésus, qui a été enlevé au ciel du milieu de vous</u>, viendra de la même manière que vous l'avez vu allant au ciel. "*

Voilà donc, celui qui était monté au ciel !
C'est le Christ. Car, il était entré au ciel même de Dieu. Donc, celui qui était monté ; c'est visiblement le Christ. Et celui qui est descendu ; c'est l'Esprit de Christ.

Voir **Hébreux 9v24** : *" <u>Car Christ n'est pas entré dans un sanctuaire fait de main d'homme, en imitation du véritable, mais il est entré dans le ciel même</u>, afin de comparaître maintenant pour nous devant la face de Dieu. "*

Et, le Seigneur Jésus-Christ, en ressuscitant des morts, il passe en existence, en esprit. Ainsi ; le Seigneur Jésus-Christ est Esprit, et non homme de la chair.

Voir **2 Corinthiens 3v17** : *" Or, <u>le Seigneur c'est l'Esprit</u> ; et là où est l'Esprit du Seigneur, là est la liberté. "*

Celui qui était dans le corps de la résurrection et enlever ; c'est le Christ. Etant redevenu Esprit comme depuis toujours ; c'est lui qui est descendu comme Esprit.

Voir **Jean 14v18** : *" Je ne vous laisserai pas orphelins, <u>je viendrai à vous</u>. "*

Donc, c'est en Esprit, qu'il doit venir ! Et, c'est ce qu'il avait fait, depuis le jour de la pentecôte.

C'est lui qui a fait des hommes des dons, pour l'humanité, c'est le Seigneur Jésus-Christ, lors de ce retour invisiblement. Tel, il est écrit dans **Ephésiens 4v11** :

'' Et *il a donné les uns comme* apôtres, les autres comme prophètes, les autres comme évangélistes, les autres comme pasteurs et *docteurs*. ''

Le ministère des docteurs est le troisième que Dieu avait établi dans l'Eglise du temps apostolique. Et, cela, par-rapport au besoin de son peuple. Ainsi donc, le premier dans l'Eglise ; celui des apôtres, et le deuxième ; celui des prophètes. Ensuite ; les dons spirituels cités d'abord, puis le ministère des Evangélistes et celui des pasteurs.

Voir **1 Corinthiens 12v28** : '' *Et Dieu a établi dans l'Église premièrement des apôtres, secondement des prophètes, troisièmement des docteurs*, ensuite ceux qui ont le don des miracles, puis ceux qui ont les dons de guérir, de secourir, de gouverner, de parler diverses langues. ''

C'est pour cette raison que l'on pourra trouver la précision hormis le Ministère des apôtres déjà connu ; celui des docteurs et des prophètes ont été manifestés dans l'Eglise qui se trouvait à Antioche.

Voir **Actes 13v1** : '' *Il y avait dans l'Église d'Antioche des prophètes et des docteurs* : Barnabas, Siméon appelé Niger, Lucius de Cyrène, Manahen, qui avait été élevé avec Hérode le tétrarque, et Saul. ''

LE RÔLE DU MINISTERE DES DOCTEURS DANS L'EGLISE

Ce Ministère joue le rôle de surveillant ou superviseur dans l'Eglise du Seigneur. Car, les mêmes choses que ceux des Juifs faisaient, dans le but de préserver le peuple de tout ce qui pouvait surgir de contraire aux lois, règles ou préceptes de la loi de Moïse, soient corrigés, sanctionnés.
Ils jugeaient d'avance, et condamnaient tout ce qui en découlait. C'est la même chose que doivent faire les docteurs en Christ. C'est-à-dire ; celui du corps de Christ.
Car Christ aussi à sa loi. Et, c'est cette loi qui est celle de Dieu. Voir :

- **1 Corinthiens 9v21** : '' avec ceux qui sont sans loi, comme sans loi (*quoique je ne sois point sans la loi de Dieu, étant sous la loi de Christ*), afin de gagner ceux qui sont sans loi. ''

- **Romains 8v2** : '' En effet, *la loi de l'esprit de vie en Jésus-Christ* m'a affranchi de la loi du péché et de la mort. ''

- **Galates 6v2** : '' Portez les fardeaux les uns des autres, et *vous accomplirez ainsi la loi de Christ*. ''

N.B : La loi de Dieu ; c'est la loi de Christ. Et, cette loi est spirituelle. Elle contient la vie éternelle. Cette loi est totalement différente de celle de Moïse.

Le docteur dans la Nouvelle Alliance apporte aussi des éclaircissements en ce qui concerne la loi de Moïse, avec ses préceptes ; eut égard à la loi de Christ, laquelle est la loi de l'Esprit. C'est-à-dire, la loi de la foi. C'est encore, en d'autres termes ; **la loi qui agit au**

niveau de la pensée. **Ça veut dire ; avant que l'acte ou les actes ne puissent être posées.**
Par exemples :

Voir **Matthieu 5v28** : '' *Mais moi, je vous dis que <u>quiconque regarde une femme pour la convoiter a déjà commis un adultère avec elle dans son cœur</u>.* ''

N.B : La loi de Christ ou de Dieu ; c'est une loi qui agit partout ; dans la pensée et les idées. Cette loi nous interdit de penser ou d'être gagné par des mauvaises pensées et de mauvaises idées. Car penser en esprit ; c'est faire ! De-même, avoir l'idée, en esprit ; c'est déjà l'accomplir.

LE CARACTERE DE LA LOI DE DIEU

Dieu a sa loi, comme on venait de le voir. C'est elle la loi de Christ. Elle est différente de la loi de Moïse, laquelle était charnelle. Une loi promulguée par l'ange qui était avec lui sur la montagne de Sinaï. Mais, celle de Christ est venue avec lui-même. Voilà, la loi de l'Esprit, ou la loi de Dieu.

Voir **Romains 7v22** : '' *<u>Car je prends plaisir à la loi de Dieu, selon l'homme intérieur</u>.* ''

Et, la loi de Dieu est spirituelle ; car elle agit dans la pensée, et par les idées.

Voir **Romains 7v14** : '' *<u>Nous savons, en effet, que la loi est spirituelle</u> ; mais moi, je suis charnel, vendu au péché.* ''

Cette loi est dite : La loi royale. C'est-à-dire : « **Tu aimeras ton prochain comme toi-même** ».

Voir **Jacques 2v8** : '' *<u>Si vous accomplissez la loi royale</u>, selon l'Écriture : <u>Tu aimeras ton prochain comme toi-même</u>, vous faites bien.* ''

Cette loi est parfaite, c'est la loi de la liberté.
Elle permet à la personne qui y persévère de ne pas être un auditeur oublieux, et de réussir dans la vie.

Voir **Jacques 1v25** : '' *Mais celui qui aura plongé les regards dans <u>la loi parfaite</u>, <u>la loi de la liberté</u>, et qui aura persévéré, n'étant pas un auditeur oublieux, mais se mettant à l'œuvre, celui-là sera heureux dans son activité.* ''

Cette loi est faite pour une catégorie donnée de gens. C'est-à-dire des gens d'une mauvaise vie.

Voir **1 Timothée 1v7-10** : '' *<u>ils veulent être docteurs de la loi, et ils ne comprennent ni ce qu'ils disent, ni ce qu'ils affirment. Nous n'ignorons pas que la loi est bonne, pourvu qu'on en fasse un usage légitime, sachant bien que la loi n'est pas faite pour le juste</u>, mais pour les méchants et les rebelles, les impies et les pécheurs, les irréligieux et les profanes, les parricides, les meurtriers, les impudiques, les infâmes, les voleurs d'hommes, les menteurs, les parjures, et <u>tout ce qui est contraire à la saine doctrine</u>.* ''

N.B : Il y avait, et il y a de même, et, il y en aura, des gens qui enseigneront la parole dans ses préceptes ; sans qu'ils ne soient docteurs ; mais simplement grâce au don d'enseignement annoncé dans le livre des **Romains 12v7-8** :

" que celui qui est appelé au ministère s'attache à son ministère ; que celui qui enseigne s'attache à son enseignement, et celui qui exhorte à l'exhortation. Que celui qui donne le fasse avec libéralité ; que celui qui préside le fasse avec zèle ; que celui qui pratique la miséricorde le fasse avec joie. "

Ainsi, selon ce qu'ils auront reçu, ils les transmettront fidèlement à d'autres.

Voir **2 Timothée 2v2** : *" Et ce que tu as entendu de moi en présence de beaucoup de témoins, confie-le à des hommes fidèles, qui soient capables de l'enseigner aussi à d'autres. "*

Ainsi, l'enseignement de la parole de Dieu est une suite continuelle. Ceux qui la reçoivent des autres, eux aussi à leur tour, doivent la retransmettre aux autres. Et, ces autres là aussi, à leur tour devront faire la même chose. Et, ainsi de suite.

Mais il y a aussi de faux docteurs ou des faux enseignants. Ils ont un but clair dans la Bible. Ces faux ; certains le sont devenus d'eux-mêmes et d'autres par le diable. D'autres savent ce qu'ils font, d'autres non !
Mais tous ces faux sont au service du diable.

Voir **1 Timothée 4v1-3** : *" Mais l'Esprit dit expressément que, dans les derniers temps, quelques-uns abandonneront la foi, pour s'attacher à des esprits séducteurs et à des doctrines de démons, par l'hypocrisie de faux docteurs portant la marque de la flétrissure dans leur propre conscience, prescrivant de ne pas se marier, et de s'abstenir d'aliments que Dieu a créés pour qu'ils soient pris avec actions de grâces par ceux qui sont fidèles et qui ont connu la vérité. "*

Leur mission de la part du diable : C'est faire de sorte que les humains abandonnent la doctrine de Christ. Et, ils provoquent des divisions au bénéfice de la création des sectes pernicieuses. Aujourd'hui, nombreux s'appellent Assemblée de Dieu, Eglise de Dieu, etc., des formes d'associations, lesquelles prônent de façon hypocrite, ou stratégique, le nom de Christ.

Voir **2 Pierre 2v1-3** : *" Il y a eu parmi le peuple de faux prophètes, et il y aura de même parmi vous de faux docteurs, qui introduiront des sectes pernicieuses, et qui, reniant le maître qui les a rachetés, attireront sur eux une ruine soudaine. Plusieurs les suivront dans leurs dissolutions, et la voie de la vérité sera calomniée à cause d'eux. Par cupidité, ils trafiqueront de vous au moyen de paroles trompeuses, eux que menace depuis longtemps la condamnation, et dont la ruine ne sommeille point. "*

N.B : C'est à cause d'eux, que le service sacré sera Sali, et rejeté d'une part. Car, leurs enseignements, ainsi que leurs comportements feront de sorte que, la voie de la vérité sera calomniée à cause d'eux. Ils parlent de la part soit disant de l'homme saint. Mais, par ailleurs, ils se comportent mal. Ainsi, entre ce qu'ils disent, et ce qu'ils font ; c'est le jour et la nuit.

Certains le sont devenus par les hommes. Ce sont des enseignements des fables (des discours à base des imaginations, et non de la révélation de la part du Seigneur). D'autres par le diable, lui-même, directement. Et, enfin les autres, de la part des hommes, lesquels les ont initiés.

Voir **Matthieu 19v12** : *" Car il y a <u>des eunuques qui le sont dès le ventre de leur mère</u> ; il y en a <u>qui le sont devenus par les hommes</u> ; et il y en a <u>qui se sont rendus tels eux-mêmes</u>, à cause du royaume des cieux. Que celui qui peut comprendre comprenne. "*

QUELQUES MESURES DE LUTTE CONTRE LES FAUX

En dehors du fait de connaître leur travail, ou leur manière de faire, laquelle est « **la séduction** » d'une part, et « **les faux enseignements** », ou « **des enseignements inspirés par les esprits impurs** » ; il est donc recommandé aux croyants ; qu'il n'y ait pas parmi eux, beaucoup de gens qui se mettent à enseigner, en dehors de ceux qui en ont le droit.

Voir **Jacques 3v1-2** : *" Mes frères, <u>qu'il n'y ait pas parmi vous un grand nombre de personnes qui se mettent à enseigner</u>, car vous savez que nous serons jugés plus sévèrement. Nous bronchons tous de plusieurs manières. Si quelqu'un ne bronche point en paroles, c'est un homme parfait, capable de tenir tout son corps en bride (en frein). "*

RESUME ET REMARQUES 19

En réalité le docteur en Christ est destiné d'enseigner la loi de l'Esprit, les ordonnances, et préceptes de l'Esprit. Car c'est cette loi qui est parfaite, bonne, juste, et c'est elle qui accorde la liberté, l'amour du prochain, la pitié, la sainteté, et la vie éternelle. Sachant que, la loi de l'Esprit est encore appelée : La loi de la foi.

Voir **Romans 3v27** : *" Où donc est le sujet de se glorifier ? Il est exclu. Par quelle loi ? Par la loi des œuvres ? Non, mais par <u>la loi de la foi</u>. "*

Le docteur en Christ protège le fondement des apôtres et des prophètes. Cependant, le pasteur encourage, pousse les croyants à mettre en pratique le fondement de ces deux Ministères. Et, l'évangéliste vient à son tour, pour censurer, corriger, pousser, etc.
Il est donc notoire, que le docteur enseigne, et nous met en garde sur les faux enseignements.
La loi de l'esprit a pour but de sanctionner, de juger, d'éclairer et d'orienter.

REMARQUES TRES IMPORTANTES 20

Le Seigneur n'a pas beaucoup des serviteurs dans le monde. Car, le nombre des serviteurs va de pair avec le besoin sur le terrain. Mais, si sur le terrain, le besoin ne se fait pas sentir ; il n'est point besoin d'en demander au maître de la moisson, ni au Maître de la moisson d'en envoyer.

Voir **Matthieu 9v36-38** : *" Voyant la foule, il fut ému de compassion pour elle, parce qu'elle était languissante et abattue, comme des brebis qui n'ont point de berger. Alors il dit à ses disciples : <u>La moisson est grande, mais il y a peu d'ouvriers</u>. <u>Priez donc le maître de la moisson d'envoyer des ouvriers dans sa moisson</u>. "*

Naturellement ; les fils et les filles du royaume sont peu nombreux que les fils et filles du malin. Ainsi, les Ministres de Dieu aussi ne sont pas nombreux sur la terre.

Voir **Luc 12v32** : *" Ne crains point, <u>petit troupeau</u> ; car <u>votre Père a trouvé bon de vous donner le royaume</u>. "*

C'est pour ainsi dire que ; la majorité de ceux qui se disent Ministres de Dieu, à bien voir, ne sont pas Ministres réellement de Dieu. Car, ils se le sont proclamés d'eux-mêmes. Voir par exemples :

- Pour ce qui concerne des apôtres.

Voir **2 Corinthiens 11v13-15** : *" Ces hommes-là sont <u>de faux apôtres</u>, <u>des ouvriers trompeurs</u>, <u>déguisés en apôtres de Christ</u>. Et cela n'est pas étonnant, puisque Satan lui-même se déguise en ange de lumière. Il n'est donc pas étrange que ses ministres aussi se déguisent en ministres de justice. Leur fin sera selon leurs œuvres. "*

N.B : Parmi les apôtres dans le monde, plus sont des faux apôtres et peu sont des vrais apôtres.

- Pour ce qui concerne des docteurs et des prophètes.

Voir **1 Timothée 4v2** : *" <u>Par l'hypocrisie de faux docteurs</u> portant la marque (ou le signe) de la flétrissure (ou la décoloration, quelque chose de desséchée) dans leur propre conscience. "*

Et aussi :

Voir **1 Pierre 2v1** : *" Il y a eu parmi le peuple <u>de faux prophètes</u>, et il y aura de même parmi vous <u>de faux docteurs</u>, qui introduiront des sectes pernicieuses, et qui, reniant le maître qui les a rachetés, attireront sur eux une ruine soudaine. "*

N.B : S'il y a des faux apôtres, des faux docteurs et des faux prophètes ; c'est qu'il y a aussi des faux pasteurs et des faux évangélistes. Il y a de même aussi, des faux enfants de Dieu. C'est-à-dire ; des personnes qui ont été mal enseignées, soient qui ont été en contact avec de manuscrits qui contient de faux renseignements. Ainsi, elles se présentent en des vrais sœurs ou frères en Christ. Mais, par leurs fruits, selon leur connaissance, ainsi que leur comportement ; on arrive tout de suite à les dénicher.

Voir **Galates 2v4** : *" Et cela, à cause <u>des faux frères</u> qui s'étaient furtivement introduits et glissés parmi nous, pour épier la liberté que nous avons en Jésus-Christ, avec l'intention de nous asservir. "*

Il y a de-même, plus de faux docteurs que des vrais, il y a aussi plus de faux prophètes que des vrais ; de-même des faux pasteurs et de faux évangélistes que des vrais. Ainsi que des faux apôtres.
Alors, il faudrait les découvrir !

COMMENT RECONNAÎTRE LES FAUX ?

Pour reconnaître les faux Ministres de la Parole ; il est très simple et facile.

Voir **Matthieu 7v16-18** : *" <u>Vous les reconnaîtrez à leurs fruits</u>. Cueille-t-on des raisins sur des épines, ou des figues sur des chardons ? <u>Tout bon arbre porte de bons fruits, mais le mauvais</u>*

*arbre porte de mauvais fruits. Un bon arbre ne peut porter de mauvais fruits, ni un mauvais
arbre porter de bons fruits. ''*

1 – **C'est par leurs fruits** ; c'est-à-dire, par leurs conduites, leurs caractères et par leurs
comportements qu'on pourrait les reconnaître. Et tout cela se lie par la façon d'être, et le
langage.

2 – **Leurs caractères**, leurs comportements ou leurs conduites ne sont pas bons. Ils sont
mauvais. C'est-à-dire ; toujours déplorables et autres.

N.B : Ils peuvent poser de bons actes, tels que : Aider, secourir, et autres ; mais leur nature
reste la même. Car, même si un méchant fait du bien autant de fois, il reste toujours
méchant, son caractère naturel finira par reprendre surface, et s'exprimer. Ainsi, en
apparence et en langages ; ils sont d'autres personnes. Mais, vouloir ou pas ; ayant le
mauvais fruit, ils finiront par se faire découvrir.
Et, comme ils se passent des bons ou vrais serviteurs ou servantes de Dieu, par le fait qu'ils
apparaissent par une sorte de déguisement. Mais le problème ; c'est leur nature, laquelle ne
change point.

Voir **Matthieu 7v15** : *'' Gardez-vous des faux prophètes. Ils viennent à vous en vêtements de
brebis, mais au dedans ce sont des loups ravisseurs. ''*

3 – Ils viennent au nom de Jésus. Et disent qu'ils sont pour chacun des peuples auprès de qui,
ils s'adressent ; le Christ. C'est-à-dire le sauveur ou le libérateur. Alors, le but de tout cela ;
c'est la séduction, laquelle enfin de compte, emmène les captifs à l'égarement total.

Voir **Matthieu 24V5** : *'' Car plusieurs viendront sous mon nom, disant : C'est moi qui suis le
Christ. Et ils séduiront beaucoup de gens. ''*

N.B : Ils sont des séducteurs, et usurpateurs de titres, et autres. Ils se donnent des
personnages qu'ils ne sont, ni ne méritent. C'est-à-dire ; ils s'élèvent eux-mêmes. Ils aiment
à être honoré des hommes. Ils aiment le succès et la célébrité.

4 – Se faisant passé des serviteurs de Christ ; or, ils mettent de troubles et ébranlent les
âmes, par leurs comportements, et leur façon d'être.

Voir **Actes 15v24** : *'' Ayant appris que quelques hommes partis de chez nous, et auxquels
nous n'avions donné aucun ordre, vous ont troublés par leurs discours et ont ébranlé vos
âmes. ''*

5 – Ils causent des divisions, des scandales (par exemple : coucher avec des femmes
n'importe comment ou avec des hommes, etc.), ils travaillent non pour le Seigneur, mais
pour leur propre ventre ; et, par des paroles douces et flatteuses, ils séduisent les cœurs des
personnes qui sont simples de nature, et naïves.

Voir **Romains 16v18** : *'' Car de tels hommes ne servent point Christ notre Seigneur, mais leur
propre ventre ; et, par des paroles douces et flatteuses, ils séduisent les cœurs des simples. ''*

Et encore :

Voir **2 Timothée 3v6-7** : *" Il en est parmi eux qui s'introduisent dans les maisons, et qui captivent des femmes d'un esprit faible et borné, chargées de péchés, agitées par des passions de toute espèce, apprenant toujours et ne pouvant jamais arriver à la connaissance de la vérité. "*

6 – Ils viennent avec des propos philosophiques, vaines tromperies, des traditions humaines ou des hommes, les rudiments (les principes d'une science ou les premières notions ou encore préceptes) du monde.

Voir **Colossiens 2v8** : *" Prenez garde que personne ne fasse de vous sa proie par la philosophie et par une vaine tromperie, s'appuyant sur la tradition des hommes, sur les rudiments du monde, et non sur Christ. "*

7 – Ils aiment des discutions folles, les généalogies, des querelles, les disputes concernant la loi, des choses en bref inutiles et vaines. Ils sont pervertis, ils se condamnent eux-mêmes par leurs propos pécheurs. Ils divisent les gens pour atteindre leurs objectifs.

Voir **Tite 3v9-11** : *" Voilà ce qui est bon et utile aux hommes. Mais évite les discussions folles, les généalogies, les querelles, les disputes relatives à la loi ; car elles sont inutiles et vaines. Éloigne de toi, après un premier et un second avertissement, celui qui provoque des divisions, sachant qu'un homme de cette espèce est perverti, et qu'il pèche, en se condamnant lui-même. "*

8 – Ils ne connaissent pas la doctrine de Christ. Ils n'ont pas Dieu. C'est-à-dire ; ni le Père, ni le Fils, personne n'est en eux.

Voir **2 Jean v9** : *" Quiconque va plus loin et ne demeure pas dans la doctrine de Christ n'a point Dieu ; celui qui demeure dans cette doctrine a le Père et le Fils. "*

9 – Ils vivent dans le désordre, hors de l'instruction de la parole de Dieu. Donc, des ignorants en ce qui concerne la connaissance de l'Evangile de Christ.

Voir **2 Thessaloniciens 3v6** : *" nous vous recommandons, frères, au nom de notre Seigneur Jésus-Christ, de vous éloigner de tout frère qui vit dans le désordre, et non selon les instructions que vous avez reçues de nous. "*

10 – Ils se conduisent en ennemis de la croix de Christ, leur fin sera la perdition. Car, ils travaillent non comme faisant le travail de Dieu ; mais par le travail de Dieu ; ils trouvent un moyen seulement de vivre. Ils ne s'occupent et se ne tracassent et ne pensent et ne parlent que des choses de la terre ; du manger, et du boire, de l'habillement et du divertissement, etc.

Voir **Philippiens 3v18-19** : *" Car il en est plusieurs qui marchent en ennemis de la croix de Christ, je vous en ai souvent parlé, et j'en parle maintenant encore en pleurant. Leur fin sera la perdition ; ils ont pour dieu leur ventre, ils mettent leur gloire dans ce qui fait leur honte, ils ne pensent qu'aux choses de la terre. "*

11 – Ils sont égoïstes, amis de l'argent, fanfarons, hautains (ou orgueilleux), blasphémateurs, rebelles à leurs parents, ingrats, irréligieux, insensibles, déloyaux, calomniateurs,

intempérants, cruels, ennemis des gens de bien. Traîtres, emportés, enflés d'orgueil, aimant le plaisir (sexe) et autres plus que Dieu, ils ont par apparence, une forme de pitié, au-dessus d'eux ; ils renient ce qui donne la force à la piété (qui est la crainte de Christ) …

Voir **2 Timothée 3v1-5** : *'' Sache que, dans les derniers jours, il y aura des temps difficiles. Car les hommes seront <u>égoïstes</u>, <u>amis de l'argent</u>, <u>fanfarons</u>, <u>hautains</u>, <u>blasphémateurs</u>, <u>rebelles à leurs parents</u>, <u>ingrats</u>, <u>irréligieux</u>, <u>insensibles</u>, <u>déloyaux</u>, <u>calomniateurs</u>, <u>intempérants</u>, <u>cruels</u>, <u>ennemis des gens de bien</u>, <u>traîtres</u>, <u>emportés</u>, <u>enflés d'orgueil</u>, <u>aimant le plaisir plus que Dieu</u>, <u>ayant l'apparence de la piété, mais reniant ce qui en fait la force</u>. Éloigne-toi de ces hommes-là. ''*

12 – Ils ont dans leurs consciences, pour certains, ceux qui sont du Seigneur, et qui ont été corrompus ; que leur Maître, le Seigneur Jésus, tarde pour son retour. Ainsi, ils se mettent à combattre les autres serviteurs. Par exemples : « **Ne les suivez pas ; ce sont de pauvres, ils manquent de tout ce qui est important et utile, etc. Qu'est-ce qu'ils peuvent vous donner, lorsqu'eux-mêmes n'ont rien !** »
Ils tuent les autres services et serviteurs de Dieu. Ils mangent et boivent (ou ils mènent ensemble avec les païens, la même vie impures) ; etc. Ils fréquentent les boîtes de nuits, les dancing clubs, etc. Et, ils ont pour amis des insensés, des méchants. Et, ils ne manquent pas des mots, pour se justifier.

Voir **Matthieu 24v48-49** : *'' Mais, <u>si c'est un méchant serviteur</u>, qui dise en lui-même : Mon maître tarde à venir, s'<u>il se met à battre ses compagnons, s'il mange et boit avec les ivrognes</u>. ''*

N.B : Par-rapport à tout ce qui vient d'être relaté ; il n'y a rien de grand certainement, qui soit oublié. Ainsi, les points qui viennent d'être énumérés sont ou représentent les fruits qui rendent capables d'exposition, d'un faux ministre, lequel se réclame être de Dieu, mais lesquels au fond, ne le sont point.

Les Ministres de la Parole. Les vrais Ministres de Dieu, ne sont pas des ouvriers propres à l'Eglise locale, laquelle est une communauté des croyants demeurant dans un secteur donné. Mais, ils sont des serviteurs dans le corps de Christ. C'est-à-dire ; qu'ils peuvent servir leur Dieu, dans toutes les Eglises locales, où, ils peuvent laisser exprimer leurs Ministères. Ils sont coordonnés par ceux-là qu'on appelle : « **Les Colonnes** ». Et, les serviteurs de l'Eglise locale ; ce sont : « **Les Anciens** ou **Evêques** » et « **Les Diacres** ».

Avant d'entrer dans le bain des titres précités ; les Colonnes, les Anciens et les Diacres, il serait tout d'abord utile de clôturer la plus importante partie, qui concerne cette appellation : Le Ministère de la Parole.

LE MINISETRE DE LA PAROLE, DANS SON FOND

Le Ministère de la Parole ; c'est le domaine qui concerne uniquement les gens à qui Dieu a donné une certaine capacité qui consisterait à dispenser la connaissance révélée de la parole de Dieu ; pour la formation des croyants, afin d'atteindre le salut pour leurs âmes. Ce Ministère est rempli par des personnes spéciales préparées uniquement pour ça.

Voir **2 Corinthiens 3v5-6** : *" Ce n'est pas à dire que nous soyons par nous-mêmes capables de concevoir quelque chose comme venant de nous-mêmes. Notre capacité, au contraire, vient de Dieu. Il nous a aussi rendus capables d'être ministres d'une nouvelle alliance, non de la lettre, mais de l'esprit ; car la lettre tue, mais l'esprit vivifie. "*

Tous les Ministres de la Parole sont des gens que Dieu a jugé être dignes. Ainsi, il leurs a confié l'Evangile (le message du royaume de Dieu, afin de sauver les âmes). Ces Ministres ne travaillent pas pour plaire aux hommes ; mais pour plaire seul à Dieu.

Voir **1 Thessaloniciens 2v4** : *" mais, selon que Dieu nous a jugés dignes de nous confier l'Évangile, ainsi nous parlons, non comme pour plaire à des hommes, mais pour plaire à Dieu, qui sonde nos cœurs. "*

Un Ministre de la Parole ne prêche point des faussetés. Et, ses messages ne portent point d'erreurs. Car, il n'est pas poussé par des motivations impures.
Il ne prêche point par complaisance ; ni pour un but cupide quelconque, ou encore, sous des effets de corruption. Et surtout, il ne dit que des choses qu'il maîtrise. Mais, tout ce qu'il ne peut défendre ; il n'en parle pas.

Voir **1 Thessaloniciens 2v3** : *" Car notre prédication (ou enseignement ou exhortation) ne repose ni sur l'erreur, ni sur des motifs impurs, ni sur la fraude. "*

Les Ministres de la Parole sont des dispensateurs de plusieurs grâces. Ainsi, ils sont des sources évidentes de bienfaisances. C'est-à-dire que, c'est auprès d'eux que se trouvent des innombrables solutions aux différentes sortes de problèmes de la vie des croyants, ou de l'humanité.

Voir **1 Pierre 4v10** : *" Comme de bons dispensateurs des diverses grâces de Dieu, que chacun de vous mette au service des autres le don qu'il a reçu, Si quelqu'un parle, que ce soit comme annonçant les oracles de Dieu ; si quelqu'un remplit un ministère, qu'il le remplisse selon la force que Dieu communique, afin qu'en toutes choses Dieu soit glorifié par Jésus-Christ, à qui appartiennent la gloire et la puissance, aux siècles des siècles. Amen ! "*

N.B : Entant que dispensateurs de plusieurs grâces ; un Ministre de la Parole, même s'il est pauvre ; il a la capacité par sa prière et par les déclarations de sa bouche ou autres moyens, de rendre riche un pauvre, un démuni de dernier rang. Un Ministre de la parole a en lui, toutes les faveurs extraordinaires, lesquelles, le Seigneur, par le moyen de sa puissance, et de son Esprit de grâce, qu'il a placé dans le Ministre, afin de lui permettre de bien exercer le mission pour laquelle, il a été établi Ministre.

Voir **2 Corinthiens 6v10** : *" comme attristés, et nous sommes toujours joyeux ; comme pauvres, et nous en enrichissons plusieurs ; comme n'ayant rien, et nous possédons toutes choses. "*

Le Ministère de la Parole est accompagné de quelques dons du Saint-Esprit lesquels lui rendent fort et agissant. Il s'agit :

- Le don d'enseignements

- **Le don d'exhortations**

- **Le don des paroles de sagesse**

- **Le don des paroles de Connaissance**

- **Le don de prophéties**

- **Le don des visions**

- **Le don des songes**

- **Le don des miracles**

- **Le don des guérisons**

- **Le don de discernement des esprits**

- **Le don de diversités des langues**

- **Le don de gouverner**

- **Le don de secourir**.

On peut les trouver dans les passages suivants :

- Voir **Actes 2v17** : '' *Dans les derniers jours, dit Dieu, je répandrai de mon Esprit sur toute chair ; vos fils et vos filles prophétiseront, vos jeunes gens auront des <u>visions</u>, et vos vieillards auront des <u>songes</u>.* ''

- Voir **1 Corinthiens 12v8-10,28** : '' *En effet, à l'un est donnée par l'Esprit une <u>parole de sagesse</u> ; à un autre, une <u>parole de connaissance</u>, selon le même Esprit ; à un autre, <u>la foi</u>, par le même Esprit ; à un autre, le don des <u>guérisons</u>, par le même Esprit ; à un autre, le don d'opérer des <u>miracles</u> ; à un autre, <u>la prophétie</u> ; à un autre, <u>le discernement des esprits</u> ; à un autre, la diversité des langues ; à un autre, l'interprétation des langues.*
Et Dieu a établi dans l'Église premièrement des apôtres, secondement des prophètes, troisièmement des docteurs, ensuite ceux qui ont le don des miracles, puis ceux qui ont les dons de guérir, de <u>secourir</u>, de <u>gouverner</u>, de parler diverses langues. ''

N.B : Ces treize (13) dons sont très précieux dans l'exercice du Ministère de la Parole. A ces dix s'ajoutent le don de **libéralité** et celui de **l'hospitalité**.
Ayant fini avec le Ministère de la parole ; on peut alors aborder les autres chapitres aussi importants.

LES COLONNES DU CORPS DE CHRIST

La colonne, communément parlant ; c'est un support de matière quelconque, de forme cylindrique ; c'est un appui ou un soutien.
Le corps de Christ qui est aussi un édifice ; mais un édifice spirituel dont les ouvriers ; ce sont des Ministres de la Parole. Et l'édifice ; ce sont les croyants.

Voir **1 Corinthiens 3v9** : '' *Car <u>nous sommes ouvriers avec Dieu. Vous êtes</u> le champ de Dieu, <u>l'édifice de Dieu</u>.* ''

Et aussi :

Voir **1 Pierre 2v5** : " *et vous-mêmes, comme des pierres vivantes, édifiez-vous pour former une maison spirituelle*, un saint sacerdoce, afin d'offrir des victimes spirituelles, agréables à Dieu par Jésus-Christ. "

Alors, cette maison, pour être tenue debout, doit être forte et résistante ; elle doit être soutenue par des colonnes.

Qu'est-ce qu'une colonne ?

En ce qui concerne l'Eglise ou le corps mystérieux de Christ ; une colonne est une personne référentielle. Elle est pour le corps de Christ ; **un surveillant, porteur d'un message**, en même temps **conservateur de la saine doctrine.**
C'est auprès d'elle, que l'on s'approche, pour examiner une révélation reçue, afin d'en avoir la certitude, qu'elle vient du Seigneur.

N.B : Il n'existe pas une seule Colonne, sauf, si les conditions liées à la réalité l'imposent.

Voir **Galates 2v9** : " *Et ayant reconnu la grâce qui m'avait été accordée, Jacques, Céphas et Jean, qui sont regardés comme des colonnes*, me donnèrent, à moi et à Barnabas, la main d'association, afin que nous allassions, nous vers les païens, et eux vers les circoncis. "

Dans l'Eglise apostolique ; il y avait trois Colonnes : Pierre, Jacques (fils d'Alphée) et jean (les fils de Zébédée. Car son frère Jacques était mort, tué par Hérode avec une épée).

Voir **Actes 12v1-2** : " *Vers le même temps, le roi Hérode se mit à maltraiter quelques membres de l'Église, et il fit mourir par l'épée Jacques, frère de Jean*. "

Alors, ces trois avaient un rôle très important qu'ils jouaient au milieu des frères :

- Ils jouaient le rôle de censeurs. C'était à eux, de voir et revoir les enseignements et messages que certains pouvaient apporter, afin de les examiner pour savoir, s'ils venaient de la part du Seigneur ou non. C'est ce qu'ils firent avec l'apôtre Paul. En ce qui concerne les révélations qu'il avait reçue de la part du Seigneur ; avant de les confirmer réellement. Si non, tout le travail de Paul serait vain. Et, ce n'était pas de sa propre volonté, qu'il s'était rendu à Jérusalem, accompagné de Barnabas. Mais, le Saint-Esprit le lui avait inspiré. Donc, cette structure vient du Seigneur, afin que son Eglise soit bien organisée.

Voir **Galates 2v1-2,9** : " *Quatorze ans après, je montai de nouveau à Jérusalem avec Barnabas, ayant aussi pris Tite avec moi ; et ce fut d'après une révélation que j'y montai. Je leur exposai l'Évangile que je prêche parmi les païens, je l'exposai en particulier à ceux qui sont les plus considérés, afin de ne pas courir ou avoir couru en vain. Et ayant reconnu la grâce qui m'avait été accordée, Jacques, Céphas et Jean, qui sont regardés comme des colonnes, me donnèrent, à moi et à Barnabas, la main d'association, afin que nous allassions, nous vers les païens, et eux vers les circoncis.* "

Alors Pierre pouvait dès lors, témoigner positivement en faveur des révélations que Paul avait reçues et publiées, et sur lesquels était fondée sa prédication.

Voir **2 Pierre 3v15-16** : *'' Croyez que la patience de notre Seigneur est votre salut, <u>comme notre bien-aimé frère Paul vous l'a aussi écrit, selon la sagesse qui lui a été donnée. C'est ce qu'il fait dans toutes les lettres, où il parle de ces choses, dans lesquelles il y a des points difficiles à comprendre, dont les personnes ignorantes et mal affermies tordent le sens, comme celui des autres Écritures</u>, pour leur propre ruine. ''*

Les trois Colonnes ne travaillaient pas eux seuls ; mais ils associaient aussi les autres, en ce qui concernait les choses qui exigeaient de prendre des décisions qui engageraient l'Eglise du Seigneur. Tout en croyant qu'ils se conduiront par l'Esprit du Seigneur. C'est pour ainsi dire ; qu'il y avait un premier : **Céphas** ou **Pierre**, et un deuxième en rang : **Jacques** ; puis enfin un troisième : **Jean**.

Seulement, ils ne se limitaient pas à eux-mêmes, comme des chefs suprêmes. Ils associaient avec eux, sur les débats et les décisions :

- Les apôtres

- Les Anciens et les Diacres

- Les frères qui étaient avec eux depuis le commencement, avec le Seigneur.

N.B : Il y avait selon les circonstances ; des rassemblements dont ; les Ministres de la Parole étaient là, les Anciens ou les plus âgés d'entre les bien-aimés et les frères en général y étaient représentés par quelques-uns.

C'est ce qui va se passer lors d'un rassemblement de grande envergure au sein de l'Eglise d'Antioche.

Voir **Actes 15v13-29** : *'' Lorsqu'ils eurent cessé de parler, <u>Jacques prit la parole</u>, et dit : Hommes frères, écoutez-moi ! <u>Simon a raconté comment Dieu a d'abord jeté les regards sur les nations pour choisir du milieu d'elles un peuple qui portât son nom</u>. Et avec cela s'accordent les paroles des prophètes, selon qu'il est écrit: Après cela, je reviendrai, et je relèverai de sa chute la tente de David,*
J'en réparerai les ruines, et je la redresserai, Afin que le reste des hommes cherche le Seigneur,
Ainsi que toutes les nations sur lesquelles mon nom est invoqué,
Dit le Seigneur, qui fait ces choses, Et à qui elles sont connues de toute éternité. <u>C'est pourquoi je suis d'avis qu'on ne crée pas des difficultés à ceux des païens qui se convertissent à Dieu, mais qu'on leur écrive de s'abstenir des souillures des idoles, de l'impudicité, des animaux étouffés et du sang. Car, depuis bien des générations, Moïse a dans chaque ville des gens qui le prêchent, puisqu'on le lit tous les jours de sabbat dans les synagogues. Alors il parut bon aux apôtres et aux anciens, et à toute l'Église, de choisir parmi eux et d'envoyer à Antioche, avec Paul et Barnabas, Jude appelé Barsabas et Silas, hommes considérés entre les frères. Ils les chargèrent d'une lettre ainsi conçue : Les apôtres, les anciens, et les frères, aux frères d'entre les païens, qui sont à Antioche, en Syrie, et en Cilicie, salut !</u> Ayant appris que quelques hommes partis de chez nous, et auxquels nous n'avions donné aucun ordre, vous ont troublés par leurs discours et ont ébranlé vos âmes, nous avons jugé à propos, après nous être réunis tous ensemble, de choisir des délégués et de vous les envoyer avec nos bien-aimés Barnabas et Paul, ces hommes qui ont exposé leur vie pour le nom de notre Seigneur Jésus-

Christ. Nous avons donc envoyé Jude et Silas, qui vous annonceront de leur bouche les mêmes choses. Car il a paru bon au Saint-Esprit et à nous de ne vous imposer d'autre charge que ce qui est nécessaire, savoir, de vous abstenir des viandes sacrifiées aux idoles, du sang, des animaux étouffés, et de l'impudicité, choses contre lesquelles vous vous trouverez bien de vous tenir en garde. Adieu. "

Ainsi donc, les Colonnes étaient en quelques sortes, des coordonnateurs au milieu des autres Ministres de la Parole. Car, ils veillaient à la bonne conduite de toutes les Eglises dans le Seigneur, y compris les différences et les qualités des messages. Ils étaient chargés de régler des conflits entre les Eglises locales, entre les mauvais messages et leurs porteurs, face à des Eglises dans le Seigneur, ou le peuple de Dieu contre les mauvais messages, des mauvais messagers.

Les Ministres de la Parole n'étant point les serviteurs des Eglises locales ; mais plutôt du Corps de Christ ; il devra falloir voir sur les serviteurs des Eglises locales.

LES SERVITEURS DES EGLISES LOCALES

L'Eglise locale étant l'ensemble de l'assemblée du peuple de Dieu. C'est-à-dire la retrouvaille des frères et des sœurs dans le Seigneur, sous la conduite, ou la supervision des Ministres qu'on pourrait dire de second niveau. Et, ces Ministres ; ce sont : Les **Diacres**, et les **Anciens**.

LES DIACRES

L'institution des Diacres au sein des Eglises dans le Seigneur est la première à exister par-rapport à celle des Anciens ; comme on pourrait le constater dans l'Eglise de Jérusalem. Au commencement, ce n'étaient que les hommes qui exerçaient cette tâche.

Voir **Actes 6v1-6** : *" En ce temps-là, le nombre des disciples augmentant, les Hellénistes murmurèrent contre les Hébreux, parce que leurs veuves étaient négligées dans la distribution qui se faisait chaque jour. Les douze convoquèrent la multitude des disciples, et dirent : Il n'est pas convenable que nous laissions la parole de Dieu pour servir aux tables. C'est pourquoi, frères, <u>choisissez parmi vous sept hommes</u>, de qui l'on rende un bon témoignage, qui soient pleins d'Esprit-Saint et de sagesse, et que nous chargerons de cet emploi. Et nous, nous continuerons à nous appliquer à la prière et au ministère de la parole. Cette proposition plut à toute l'assemblée. Ils élurent Étienne, homme plein de foi et d'Esprit-Saint, Philippe, Prochore, Nicanor, Timon, Parménas, et Nicolas, prosélyte d'Antioche. Ils les présentèrent aux apôtres, qui, après avoir prié, leur imposèrent les mains. "*

Mais, avec le temps, ils apparurent dans cette tâche aussi, des femmes. Et cela, ça sera grâce à l'œuvre du Saint-Esprit.

Voir **Romains 16v1** : *" Je vous recommande <u>Phoebe, notre sœur, qui est diaconesse</u> de l'Église de Cenchrées. "*

CONDITIONS D'EXERCICE DE CE MINISTERE

Les conditions liées à l'exercice de ce Ministère sont reparties clairement, d'une part pour les femmes, et d'autres parts pour les hommes.

CONDITIONS D'EXCERCICE POUR LES FEMMES

Les femmes qui exercent cet emploi ont un certain nombre d'obligations à respecter. Ce que la Bible exigerait d'elles se trouve dans le livre de **1 Timothée 3v11** :

'' *Les femmes, de même, doivent <u>être honnêtes, non médisantes, sobres, fidèles en toutes choses</u>.* ''

Pour mieux comprendre ce qui concerne les Diaconesses, il faudrait définir les mots cités en qualités nécessaires. Ainsi :

Honnête : Ce mot veut dire juste, intègre ; correcte ou convenable. C'est de cette façon que doivent se comporter, ou doivent être les Diaconesses. Il s'applique dans plusieurs secteurs de la vie : La morale, conduite sexuelle irréprochable, modèle de l'être sociale, spirituel et instruite, etc.

Médisante : Ce mot exprime ce qu'une personne, ou en particulier ; une femme qui parle en mal, ou dit du mal. C'est-à-dire, qui tient des propos malveillants.
La médisance ; c'est l'action de médire ; et **médire** consiste à dire de quelqu'un avec une intention mauvaise, du mal de ce qui est vrai.

Sobre : Ce mot veut dire, être tempérant, discret ou modéré. C'est-à-dire, ne pas manger, ou boire trop. Mais tout faire avec modération.

Fidèle : Ce mot consiste dans le fait que l'on doit être constante, sincère, exacte ou sûr.

N.B : Voilà comment doit être une Diaconesse !
Il n'y a aucune exigence sur les Diaconesses, à savoir ; dans le mariage ou non ! Leur emploi n'est pas dépendant des condition d'état-civil, ni de l'éducation quelconque du foyer ; car en ce qui concerne le foyer ; c'est l'homme ou le mari, lequel est le chef de la femme. C'est pour cette raison même, que pour les mariés ; elles doivent être femmes des frères (serviteurs de Dieu, ou un frère simple, mais engagé dans le Seigneur).

CONDITION D'EXERCICE POUR LES HOMMES

Pour les hommes qui veulent s'exercer dans le Ministère des Diacres ; il y a un certain nombre des conditions à remplir, lesquelles sont exigibles sévèrement. Voir :

- **1 Timothée 3v8,9,12** : '' *<u>Les diacres aussi doivent être honnêtes, éloignés de la duplicité</u> (mauvaise foi, hypocrisie, fausseté), <u>des excès du vin</u>, <u>d'un gain sordide</u>, <u>conservant le mystère de la foi dans une conscience pure.</u> Les diacres doivent être <u>maris d'une seule femme</u>, et <u>diriger bien leurs enfants et leurs propres maisons</u>.* ''

1 – Les Diacres doivent être intègres, sincères

2 – Les Diacres doivent être hors de la duplicité (ou la fausseté, l'hypocrisie ou encore la mauvaise foi)

3 – Les Diacres doivent être hors du vin alcoolisé

4 – Les Diacres doivent être hors des gains honteux, de bassesse.

5 – Ils doivent garder la connaissance révélée, par la foi

   - Ils doivent avoir une conscience pure, ou une conscience non corrompue, ou chargée de péchés

6 – Ils doivent être mariés à une seule femme. Donc ; le mari d'une seule femme

7 – Ils doivent bien éduquer ou bien instruire leurs enfants

   - Ils doivent bien conduire leurs maisons. C'est-à-dire que ; des gens qui vivent chez eux, enfants ou autres ; grands et petits ; tous doivent avoir une bonne conduite.

EPROUVER ET ENSUITE EXERCICE DE LA FONCTION

Cette charge étant beaucoup sensible ; avant de l'assumer ; le futur Diacre doit être tout d'abord soumis à un examen, allant d'une année ou deux ans au maximum. Car, entant que personnel important de l'Eglise, la conduite entière de sa vie est un modèle d'instruction.

Voir **1 Timothée 3v10, 13** : *" Qu'on le (les Diacres) <u>éprouve d'abord</u>, et <u>qu'ils exercent ensuite leur ministère, s'ils sont sans reproche</u>. Car ceux qui remplissent convenablement leur ministère s'acquièrent un rang honorable, et une grande assurance dans la foi en Jésus-Christ. "*

Pour qu'un Diacre entre dans ses fonctions ; il doit tout d'abord être éprouvé. Car, les conditions qui lui sont **exigées** font partie des règles de la bonne conduite. Elles lui offriront la confiance de ceux-là parmi lesquels, il exercera son Ministère.
Et, c'est ce qui permettra aussi que l'Eglise soit unie ; arrive à la maturité, soudée au point d'appliquer envers les autres bien-aimés, les notions de l'amour du prochain.

LA FONCTION DES DIACRES

Les Diacres : Hommes ou Femmes, ont un grand rôle à jouer au sein de l'Eglise du Seigneur. Ils s'occupent du social, de la gestion des biens de l'Eglise, et de la prédication de la parole de Dieu.

LES AFFAIRES SOCIALES

Dans leurs fonctions ; les Diacres s'occupent quelques parts des questions telles que :

- L'aide aux démunis surtout :

Les veuves, les personnes âgées sans secours, les enfants abandonnés.

Voir **Actes 6v1-3** : *" En ce temps-là, le nombre des disciples augmentant, <u>les Hellénistes murmurèrent contre les Hébreux, parce que leurs veuves étaient négligées dans la distribution qui se faisait chaque jour</u>. Les douze convoquèrent la multitude des disciples, et dirent : <u>Il n'est pas convenable que nous laissions la parole de Dieu pour servir aux tables. C'est pourquoi, frères, choisissez parmi vous sept hommes, de qui l'on rende un bon témoignage, qui soient pleins d'Esprit-Saint et de sagesse, et que nous chargerons de cet emploi</u>. "*

N.B : Ils sont chargés de percevoir les dons de différentes natures, et ils sont chargés de les faire parvenir aux ayant-droits d'après l'instruction du Ministre de Dieu du corps de Christ qui coordonne cette Eglise par eux.

- Ils s'occupent des collectes en faveur des saints ou Ministres du corps.

Voir **2 Corinthiens 9v1-3** : '' *Il est superflu (non nécessaire ou honteux) que je vous écrive touchant l'assistance destinée aux saints. Je connais, en effet, votre bonne volonté, dont je me glorifie pour vous auprès des Macédoniens, en déclarant que l'Achaïe est prête depuis l'année dernière ; et ce zèle de votre part a stimulé le plus grand nombre. J'envoie les frères, afin que l'éloge que nous avons fait de vous ne soit pas réduit à néant sur ce point-là, et que vous soyez prêts, comme je l'ai dit.* ''

Et aussi :

Voir **1 Corinthiens 16v1,3** : '' *Pour ce qui concerne la collecte en faveur des saints, agissez, vous aussi, comme je l'ai ordonné aux Églises de la Galatie. Et quand je serai venu, j'enverrai avec des lettres, pour porter vos libéralités à Jérusalem, les personnes que vous aurez approuvées.* ''

- Ils s'occupent également de l'enseignement.

Voir **Tite 2v2-5** : '' *Dis que les vieillards doivent être sobres sans excès, sans luxe ; manger et boire avec modération), honnêtes (sincère), modérés, sains (pure) dans la foi, dans la charité, dans la patience. Dis que les femmes âgées doivent aussi avoir l'extérieur qui convient à la sainteté, n'être ni médisantes, ni adonnées (se livrer) au vin ; qu'elles doivent donner de bonnes instructions (ou de bons enseignements), dans le but d'apprendre aux jeunes femmes à aimer leurs maris et leurs enfants, à être retenues, chastes, occupées aux soins domestiques, bonnes, soumises à leurs maris, afin que la parole de Dieu ne soit pas blasphémée.* ''

COMMENT DEVENIR DIACRE ?

Pour qu'une personne puisse être enrôlé dans cette institution, et exercer les fonctions de Diacre ; il y a deux moyens spécifiques :

- Par nomination par rapport au choix, comme dans **Actes 6v3** :

'' *C'est pourquoi, frères, choisissez parmi vous sept hommes, de qui l'on rende un bon témoignage, qui soient pleins d'Esprit-Saint et de sagesse, et que nous chargerons de cet emploi.* ''

- Par demande personnelle, comme chez les Evêques.

Voir **1 Timothée 3v1** : '' *Cette parole est certaine : Si quelqu'un aspire à la charge d'évêque, il désire une œuvre excellente.* ''

N.B : Celui qui y aspire, on ne peut pas la lui refuser. Mais, on doit suivre la procédure qui y conduit.

LES EVÊQUES

De-même que Diacre veut dire serviteur ; l'Evêque aussi a sa signification. Evêque veut dire d'une part Ancien, et d'autre part conducteur ou dirigeant et d'autre part encore, et enfin surveillant.

Ainsi, par-rapport à ces différentes nominations ; on peut déterminer les charges qui peuvent revenir à un Evêque.

Donc, un évêque ; c'est un ancien ; c'est un dirigeant ; c'est un conducteur, et, c'est un surveillant.

LES CRITERES POUR DEVENIR ANCIEN

Les critères qui conduisent à la charge d'un Ancien sont les suivants :

Voir **1 Timothée 3v2-7** : " *Il faut donc que l'évêque soit irréprochable, mari d'une seule femme, sobre, modéré, réglé dans sa conduite, hospitalier, propre à l'enseignement. Il faut qu'il ne soit ni adonné au vin, ni violent, mais indulgent, pacifique, désintéressé. Il faut qu'il dirige bien sa propre maison, et qu'il tienne ses enfants dans la soumission et dans une parfaite honnêteté ; car si quelqu'un ne sait pas diriger sa propre maison, comment prendra-t-il soin de l'Église de Dieu ? Il ne faut pas qu'il soit un nouveau converti, de peur qu'enflé d'orgueil il ne tombe sous le jugement du diable. Il faut aussi qu'il reçoive un bon témoignage de ceux du dehors, afin de ne pas tomber dans l'opprobre et dans les pièges du diable.* "

Les critères sélectionnés sont les suivants :

- Irréprochable

- Mari d'une seule femme

- Sobre

- Modéré

- Conduite réglée

- Hospitalier

- Propre à l'enseignement

- Non adonner au vin

- Non violent

- Indulgent

- Pacifique

- Désintéressé

- Bien diriger sa propre maison

- Ses enfants sont soumis

- Ses enfants sont honnêtes

- Il n'est pas un nouveau converti

- Il a un bon témoignage dans son entourage.

N.B : Une fois que la personne a rempli ces critères-ci ; elle peut sans contester, exercer la tâche d'Evêque. Une équipe sera mise sur pied, dans le but d'acquérir des informations fiables afin de se rassurer du genre de la personne qu'il faudrait intégrer au sein d'une Eglise, à une charge. S'il y a plusieurs Anciens, dans une Eglise locale ; il devra donc y avoir un collège d'Ancien à la tête duquel se trouvera un coordonnateur avec son adjoint.

LA FONCTION DES ANCIENS

Par-rapport aux différentes significations récoltées du mot Evêque ; on peut décompter les fonctions des Evêques ainsi :

- Les Evêques qui jouent le rôle de Conducteurs au sein de l'Eglise locale. Ils peuvent assurer la coordination d'une Eglise locale.

Voir **1 Timothée 5v17** : '' *Que les anciens qui dirigent bien soient jugés dignes d'un double honneur, surtout ceux qui travaillent à la prédication et à l'enseignement.* ''

N.B : Il ne fait rien de lui-même. Mais ils travaillent sous les ordres, et sous les directifs émanant de celui ou de ceux qui l'ont placé là. C'est-à-dire du Ministère de la parole.

- Les Evêques qui jouent le rôle de Surveillants au sein de l'Eglise locale où, ils sont placés en fonction. Ils le font tout en étant un modèle eux-mêmes, du troupeau. Voir :

- **Actes 20v28** : '' *Prenez donc garde à vous-mêmes, et à tout le troupeau sur lequel le Saint-Esprit vous a établis évêques, pour paître l'Église du Seigneur, qu'il s'est acquise par son propre sang.* ''

- **1 Pierre 5v2-3** : '' *Paissez le troupeau de Dieu qui est sous votre garde, non par contrainte, mais volontairement, selon Dieu ; non pour un gain sordide, mais avec dévouement ; non comme dominant sur ceux qui vous sont échus en partage, mais en étant les modèles du troupeau.* ''

- Les Evêques enseignent et exhortent sur la parole de Christ. Ils instruisent le peuple de Dieu, au sein des Eglises locales, où, ils sont placés, comme Ministres de l'Eglise locale.

Voir **1 Timothée 5v17** : '' *Que les anciens qui dirigent bien soient jugés dignes d'un double honneur, surtout ceux qui travaillent à la prédication et à l'enseignement.* ''

N.B : Ils ne le font pas parce qu'ils sont anciens ; mais parce qu'ils ont reçu du Saint-Esprit ; le don soit d'exhortation, soit de l'enseignement ; ou soient encore tous les deux. C'est-à-dire ; le don d'exhortation et celui de l'enseignement.

Ainsi, un Evêque peut-être utile par ces dons-là. Mais cela ne veut pas dire qu'il devient Ministre appelé au service sacré par Dieu lui-même ! Il est vrai que, certaines personnes commencent par là ; sans savoir qu'ils ont en eux un Ministère de la parole. Et, ay temps convenable ; le Ministère se manifeste de lui-même ; et, le Seigneur le confirme. Tel que le fut Philipe, lequel était d'abord Diacre, parmi les septes de l'Eglise de Jérusalem. Et, qui, au temps convenable, fini par exercer le Ministère d'Evangéliste. Mais, cela n'est pas un principe, qui soit lié au savoir qu'on détiendrait, dans la manière extraordinaire de prêcher. Ils exercent dans la parole ; mais ils ne sont point des envoyés de l'Eternel, quel que soit leur niveau important dans la prédication.

D'après le passage de **1 Timothée 5v17** qui dit : « **… surtout ceux qui travaillent à la prédication et à l'enseignement**. »
Le mot « **surtout** » vient éclaircir qu'il y a deux types d'Evêques : Ceux qui prêchent dans les assemblées de l'Eglise ; et ceux qui ne prêchent pas. C'est pour ainsi dire ; ceux qui ne prêchent pas, s'occupent d'autres choses, ou d'autres tâches.
Ces Evêques sont des « **Econome** » de Dieu.

Voir **Tite 1v7** : '' *Car il faut que l'évêque soit irréprochable, comme économe de Dieu ; qu'il ne soit ni arrogant, ni colère, ni adonné au vin, ni violent, ni porté à un gain déshonnête.* ''

Or, un économe ; c'est une personne qui est chargée de la gestion, ou des dépenses. Donc, les Econome de Dieu, s'occupent des achats, des payements. C'est-à-dire qu'ils gèrent les dépenses au sein d'une Eglise locale.

N.B : Dans leur rôle de surveillant ; les Evêques veillent sur les prédicateurs et les prédications ou messages qui viennent par d'autres serviteurs, lesquels ne sont pas de cette Eglise locale. Ou encore, les messages qui peuvent provenir d'autres personnes qu'on ne connait pas trop bien, de qui, elles les ont reçus. Ils les examinent à l'image de la parole qu'ils ont reçu dans leur formation, et en ce qui concerne les bases fondamentales de la foi ou de la doctrine de Christ.
Les Evêques sont employés, tout en tenant compte de leur ancienneté dans la foi.

Voir **1 Timothée 3v6** : '' *Il ne faut pas qu'il soit un nouveau converti, de peur qu'enflé d'orgueil il ne tombe sous le jugement du diable.* ''

Et, s'ils répondent aux critères précités ; ils peuvent être formés pour cette tâche. Ainsi, à la fin, ils pourront directement se mettre à l'exercice.

REMARQUES TRES IMPORTANTES 21

Dans l'emploi des Diacres, au commencement ; il n'y avait point de femmes. Mais avec le temps ; les femmes se sont retrouvées dans ce Ministère secondaire.
Ainsi, on ne peut pas être très catégorique, dans cet enseignement, en ce qui concerne les Evêques femmes. Ce que l'on reconnait en outre ; c'est qu'il y a pour les Diacres et pour les Diaconesses ; des critères exigibles. Mais en ce qui concerne donc les évêques, s'il pourrait y avoir, l'insertion des femmes dans le Ministère des Evêques, il n'y en a pas.
Et donc, s'il pourrait y en avoir, quels seraient les critères en ce qui pourrait les concerner ?
C'est pourquoi ; il est préférable de ne pas compter les femmes dans ce Ministère, en ce qui concerne notre enseignement. Mais, toutefois, nous n'en faisons pas une interdiction. Car, le Seigneur est souverain. Et, dans sa souveraineté, il est libre de tout.

Ayant donc examiné, en long et en large, sur de nombreux points qui concernent les Ministères ; on peut à cet effet, conclure : Qu'il existe deux formes de Ministères :

- Les Ministères premiers : Ceux qui constituent le Ministère de la Parole. Lequel est exercé par des hommes tout comme par des femmes, dans l'édification du corps de Christ. Car, les esprits qui conduisent les humains dans ce Ministère ne sont ni mâles, ni femelles.

Aquilas ainsi que Priscille (ou Prisca), sa femme, conduisaient et édifiaient en formation, d'un peuple pour Dieu, dans l'Eglise locale qu'ils avaient ouvert dans leur maison, à Ephèse. Voir **1 Corinthiens 16v19** : " *Les Églises d'Asie vous saluent. Aquilas et Priscille, avec l'Église qui est dans leur maison, vous saluent beaucoup dans le Seigneur.* "

Ce que l'on vient de lire montre que ce couple avait ouvert une Eglise locale chez eux, dans leur propre maison.
Et, ce qui montre que les deux exerçaient le Ministère de la Parole se trouve écrit dans le livre des **Actes 18v24-26** :

" *Un Juif nommé Apollos, originaire d'Alexandrie, homme éloquent et versé dans les Écritures, vint à Éphèse. Il était instruit dans la voie du Seigneur, et, fervent d'esprit, il annonçait et enseignait avec exactitude ce qui concerne Jésus, bien qu'il ne connût que le baptême de Jean. Il se mit à parler librement dans la synagogue. Aquilas et Priscille, l'ayant entendu, le prirent avec eux, et lui exposèrent plus exactement la voie de Dieu.* "

N.B : Le verbe exposer est conjugué ici a la troisième personne du plurielle : « **exposèrent** ». Ainsi, il est donc clair, qu'il s'agit de tous les deux.

- Cependant ; pour les Ministres seconds : Les Diacres sont mâles et femelles. Mais, pour les évêques, ne sont présentés ici, que les hommes, pour le moment. Et, la suite, à Dieu seul ! Les Ministères secondaires sont au-dessous, ou inférieurs aux Ministères premiers, ou Ministère de la Parole.

La Bonne Nouvelles est annoncée aussi bien par les femmes que par les hommes.

Voir **Psaumes 68v12** : " *Le Seigneur dit une parole, et les messagères de bonnes nouvelles sont une grande armée.* "

N.B : Il s'agit là, des femmes prédicatrices de la « **BONNE NOUVELLE** ». Elles forment une grande armée pour la cause de l'Evangile. Car dans ces Psaumes, il est question de la Bonne Nouvelle !

Que le Dieu Tout-Puissant, celui qu'avait servi notre père Abraham bénisse tous ceux qui peuvent comprendre cet enseignement, pour ne plus asseoir la contradiction ou des guerres sans importances au sein du Ministère de la Parole. Seule Arme du Seigneur Jésus-Christ, pour sauver les croyants ! Amen !

114

Buy your books fast and straightforward online - at one of world's fastest growing online book stores! Environmentally sound due to Print-on-Demand technologies.

Buy your books online at
www.morebooks.shop

Achetez vos livres en ligne, vite et bien, sur l'une des librairies en ligne les plus performantes au monde!
En protégeant nos ressources et notre environnement grâce à l'impression à la demande.

La librairie en ligne pour acheter plus vite
www.morebooks.shop

Printed by Books on Demand GmbH, Norderstedt / Germany